仏陀の修行法 四念処より

四《し》念《ねん》処《じょ》法《ほう》

マインドフルネス瞑想の源流

湯田浩二
Kohji Yuda

まえがき

仏陀釈尊が説かれた法(ダルマ)には、究極の幸福(平安)である「解脱」(輪廻を脱した境地、涅槃)へ導く〝教え〟と〝実践方法(修行法)〟がある。

四念処(しねんじょ)というのは、仏陀釈尊が解脱を成し遂げた瞑想を主体とした〝実践方法(修行法)〟すなわち「仏陀の修行法」の一つである。

「解脱」を成し遂げるためには、不幸をもたらす根本原因である「煩悩(我)」を全て解消・消滅しなければならない。

「四念処(法)」は、上座部仏教において、修行法の一つとして実践され、今日まで伝えられてきた。上座部仏教の主要な修行法(瞑想法)は、「マインドフルネス瞑想」や、そこから発展したと思われる「ヴィパッサナー瞑想」である。

上座部仏教の修行法は、「今、この瞬間の体験に意図的に意識を向け、評価をせずに、とらわれのない状態で、ただ観る」という「サティ(念)」と言われる修行法である。

「サティ(念)」という修行法は、煩悩(我)を見究めることは可能であるが、そこまでである。すなわち、煩悩(我)を解消・消滅するための方法(修行法)が、残念ながら欠落している。「四念処(法)」は、「サティ(念)を入れるべき四つの対象」として、上座部仏教では伝えられてきた。

元々は、煩悩(我)を解消・消滅するための修行法すなわち成仏法であった「四念処(法)」を、上座部仏教では、「単なるサティ(念)を入れるべき四つの対象」として変化(矮小化)し限定している。それでも、修行法の中に「四念処(法)」を明確に採用しているのは、上座部仏教だけである。大乗仏教の伝統的な各宗派や新興宗派では、「四念処(法)」は全く採用されていない。そういう意味では、上座部仏教は、初期仏教から連綿として続いていることが改めて理解できる。

今回、仏陀(お釈迦様)ご自身が修行され、弟子達に指導されていた、煩悩(我)を解消・消滅するための仏陀の修行法、すなわち成仏法である本来の「四念処(法)」を、詳細に解説したい。

マインドフルネスもしくはマインドフルネス瞑想は、仏陀の修行法全ての基盤となる「四念処(法)」の特に重要な要素である。

そして、ヨーロッパやアメリカにおいて、誰でも簡単に実践できる〝心身を健全にするトレーニング法もしくは瞑想法〟として広まっており、実際に多くの老若男女の愛好家・実践者がいる。また、マインドフルネス瞑想は、多くの指導者達によって様々な方法が提案されている。

瞑想は、古代から多くの宗教が主要な修行法の一つとして取り入れており、今では日本や欧米を始め世界各地において、心身を健全にする健康法として禅やヨガの道場などで瞑想を学ぶ人が多い。

瞑想の一つの方法であるマインドフルネス瞑想は、仏教の修行法に由来する。

マインドフルネス(mindfulness)という用語は、パーリ語のサティ(sati)の翻訳であり、サティ(漢訳では念)は仏教の修行法における重要な要素である。

一八八一年にパーリ語学者のトーマス・ウィリアム・リス・デイヴィッズが、八正道におけるサティいわゆる正念(しょうねん)をマインドフルネスと英訳したのが最初である。

八正道におけるサティ(正念)すなわちマインドフルネスは、同じ三十七道品の四念処、五根、五力、七覚支などにおける念と同じであり、基本修行、基本概念の一つである。

サティすなわちマインドフルネスの意味は、「今、この瞬間の体験に意図的に意識を向け、評価をせずに、とらわれのない状態で、ただ観ること」と説明されることが多い。

マインドフルネス(気付きの瞑想)は、解脱(煩悩の解消)を目指している僧侶の方々だけではなく、私達ごく普通の一般人にとっても非常に必要であり大切なものである。いや、むしろ私達一般人の方が、僧侶の方々よりも必要なものであり、大切なものであり、実践すべきものである。

その理由は、私達一般人は、俗世間(私達自身も含めた多くの人々が、憎しみ・怒り・我欲など多くの煩悩(我)を抱えて活動している生活圏)の中で、自分の力量で生産活動を行わなければ、汗水垂らして働かなければ、食物や衣類などの生活必需品を得ることができない。すなわち、生活することが出来ない、生きることが出来ないのである。

怒りや憎しみなどの煩悩を出してしまうと、職場の同僚や上司と言い争ったりして人間関係が悪くなったり、場合によっては人間関係が壊れてしまうことがある。そうなると、極端な場合には、職場が嫌になり自分から辞めてしまったり、会社から解雇されてしまうことにもなりかねない。

そこまで行かなくても、怒りや憎しみのために仕事が手につかなかったりして、仕事の能率が低下して、生産量や売り上げが大幅に減少してしまうことにもなりかねない。もし、怒りや憎しみ、すなわち、「現象として現れた煩悩(我)」に早く気づくことが出来るならば、そうしたトラブル(不幸な出来事)を未然に防止することが出来る。

そのために、マインドフルネス(気付きの瞑想)は、私達一般人の方が、僧侶の方々よりも必要なものであり、大切なものであり、実践すべきものなのである。

(解説) 煩悩(我)

煩悩とは、電子計算機(コンピューター)で例えると、内蔵されているプログラムの一部に相当する。

煩悩とは、人間一人一人の心(意識)に内蔵されているプログラムのうち、怒り・憎しみ・怨み・羨望・恐れ・妄想・偏見・自己限定など自己中心の心の働きを作動させるプログラムである。

例えば、同じ場面・状況に遭遇しても、Aさんは怒りや憎しみの感情が湧くが、Bさんは感謝の感情が湧くというように、心(意識)に内蔵されているプログラムに従って異なる感情が湧き、異なる行動を起こす。

Cさんは肯定的(プラス)に受け取り希望を持って積極的に行動するが、Dさんは否定的(マイナス)に受け取り希望を失って行動を中止するなど、心(意識)に内蔵されているプログラムに従って異なる判断をし、異なる選択をする。

心(意識)に内蔵されているプログラムの一部である煩悩(我)は、生まれてから現在までの行為、思考、思念が蓄積されて形成されたものだけではなく、前世の行為、思考、思念も蓄積されて形成されていると言われている。

そのため、今この瞬間の心の状態(思い)も、常に客観的に注意して改善しようと努めない限りは、心(意識)に内蔵されているプログラムの一部である煩悩(我)に従って形成されることになる。

解脱を成し遂げた仏陀釈尊は、人々を幸福へと導く〝教え〟だけではなく、それを達成するための〝実践方法〟すなわち仏陀の修行法(成仏法)も、弟子や一般大衆に伝授し実践指導されている。そして、仏陀の修行法(成仏法)は、初心者の段階から最上級者の段階まで、順を追って実践することで確実に習得することが出来る、体系的かつシステム的な方法である。

筆者が技術者として経験してきた幾つかの分野において、改善手法の手順は大きく分けると全く同じである。

例えば、生産トラブルの復旧方法を例に挙げると、大きく分けると2つの手順がある。

1. まず最初に、生産トラブルの原因を調査して、原因を特定するのである。
2. 次に、特定した原因を排除する。(その際の破損個所の修理も、原因排除の中に入る。)

おそらく、この世の全ての分野において、改善手法の手順は大きく分けると全く同じであると思われる。「解脱を成し遂げる方法」も、「解脱していない状態(迷い苦しむ状態)」から「解脱している状態」へと改善させる方法である。

そのために、「解脱を成し遂げる方法」すなわち仏陀の修行法も、同じような手順で構成されている。

1．まず最初に、解脱を妨げる原因となっている煩悩(我)を見究める。
そのために、「四念処(四念住)法」で説かれているように、常に自分の心(言動)に注意するのである。

2．次に、見究めた煩悩(我)を一つずつ解消・消滅する。
その際、煩悩(我)の本体は心の奥(潜在意識)にあるので、潜在意識の扉を開くための技術である瞑想を行なう。(例えば「四神足」で説かれている瞑想)

四念処(四念住)法以外の仏陀の修行法も全て、同じような手順で構成されていると思われる。

1の煩悩(我)を見究める方法は、「四念処(四念住)法」で説かれているように、「常に自分の心(言動)に注意すること」以外には方法はないので、「マインドフルネス瞑想」は仏陀の修行法全てに共通であると思われる。

2の見究めた煩悩(我)を解消・消滅する方法は、弟子達の能力や性格・気質、修行段階に応じて工夫されたものと思われる。

仏陀のご在世以前からインドにおいて実践されていた、「洞察の瞑想」とも言うべきマインドフルネスは、当時の一部の修行者達の間では常識的なものだったと思われる。もしかすると、かなりの数の修行者達は実践していたのかもしれない。その証拠になるものが、ヨガの根本経典の一つである「ヨーガ・スートラ」に記載されている。「ヨーガ・スートラ」は、紀元後4~5世紀頃にパタンジャリによって編纂されたものだが、様々な群小経典や古代(仏陀が生まれる二千年前)から伝承されてきた行法や教えなどをまとめたものとされている。

ただし、当時は、「親から子へ」または「師から弟子へ」と伝えられた方法や、自分自身で試行錯誤しながら会得したやり方で実践されていたものと思われる。そのため、多くの様々な方法・やり方があり、統一されていなかったと思われる。そのせいもあってか、「ヨーガ・スートラ」には具体的な方法はほとんど記載されていない。

仏陀は、それらマインドフルネスの多くの様々な方法・やり方の中から厳選し、仏陀ご自身の体験を加味して、効果が多いにあって、しかも誰でも実践できるように工夫した方法を編み出された。そうして、編み出した方法を根幹に据えて、四念処(四念住)を編成されたのである。それが、〝四念処のマインドフルネス〟である。

そして、〝四念処のマインドフルネス〟は、〝「三十七道品」(成仏法)の基盤とも言うべき四念処(四念住)〟の骨格なのである。

〝四念処のマインドフルネス〟は、その後、色々と工夫されて発展してきたものが、現在世界中で実践されているマインドフルネス瞑想である。言わば、〝四念処のマインドフルネス〟は、現在世界中で実践されているマインドフルネス瞑想の源流ということになる。

そのために本書の題名は、**「四念処法　マインドフルネス瞑想の源流」**としている。

マインドフルネス（瞑想）の効用は、

①　精神的なストレスが解消されて、気持が晴れやかに爽快になる。

②　交感神経と副交感神経のバランスが整い、心身のストレスが解消されて、よく眠れるようになり、肉体の異常（病気など）が快方へと向かう。

③　思考が整理され、集中力が高まり、洞察力や直観力や創造力が高まって、仕事や勉強が向上する。

④　心身のストレスが解消されることで、スポーツにおける記録などが向上する。

などが挙げられている。

人間の心は、非常に大きな力を秘めている。

人は今この瞬間の思い（心の状態）によって健康や行動が形成され、そして人生（運命）が作られていく。

その具体的な例を述べたい。

自分自身が病気になった時のことを、よく思い出してほしい。

特に、重い病気や苦しい思いをした病気になった時のことを、よく思い出してほしい。

例えば、風邪をひいて、ひどい高熱で苦しかった時、

「あー、熱が出て本当に苦しい。解熱剤を飲んだけれども、熱が下がってくれるだろうか。もしかしたら、このまま高熱によって死ぬんじゃないだろうか。」

などと、心(意識)が心配と恐怖の感情に苛まれている間は、決して病気は快方に向かうことはない。

その病気が、社会や家庭における人間関係などのストレス・心理的負荷による〝心因性の病気〟であろうと、または性格傾向や遺伝的な気質などによる〝内因性の病気〟であろうと、または細菌とかウイルスなどによる〝感染症の病気〟であろうと、それらの如何を問わず、私達の肉体は、私達自身の想念や感情にすぐに感応し易く、影響され易いのである。

そのため、すぐに治る病気もなかなか治らなかったり、反対に、たとえ重病でも早く治癒したりもする。

このことを言い替えると、私達の思い(心の状態)は、肉体(の健康状態)を統御(コイントロール)することができることを意味している。

さらに、心(意識)が深い瞑想状態であればあるほど、心配とか恐怖とかのマイナスの想念や感情は減少し、その結果、肉体機能は本来の正常な状態に戻りやすい。

私達がマインドフルネス瞑想を行なうことで、煩悩(我)に気づくことができるし、心(意識)は安定した状態(瞑想状態)になることができる。

その結果、心配とか恐怖とかのマイナスの思いや感情は消え去り、肉体機能は本来の正常な状態

に戻ることになる。

さらに、心(意識)の中の煩悩(我)が減少すればするほど、深い瞑想状態になることが出来るので、肉体(の健康状態)を統御(コイントロール)することが、より容易に出来るようになり、そのため肉体機能を常に正常な状態に保つことができるようになる。

マインドフルネス瞑想を行なうことで、煩悩(我)に気づくことはできるようになるが、さらに、気づいた煩悩(我)を解消・消滅することが出来るのが、仏陀の修行法なのである。

仏陀の修行法の一つが、「四念処(四念住)」であり、本書の「四念処法　マインドフルネス瞑想の源流」である。

それでは、**「四念処法　マインドフルネス瞑想の源流」**を詳しく解説していきたい。

目次

あとがき

第一章　仏陀の修行法（成仏法）の構成

第一章　仏陀の修行法(成仏法)の構成

四念処(四念住)の解説に入る前に、まずは、四念処(四念住)も含めた「仏陀の修行法(成仏法)の構成」について解説したい。

(一)仏陀釈尊が解脱を成し遂げた修行法(成仏法)

最初期の仏典には、人々を幸福(平安)へと導く〝教え〟だけではなく、それを達成するための〝実践方法〟も記されている。

当然のことながら、どの宗教団体にも実践方法(修行法)はある。

しかし、最初期の仏典には、初心者の段階から最上級者の段階まで、順を追って実践することで解脱(究極の平安)が得られる、体系的かつシステム的な実践方法(修行法)が記されている。

それが、仏陀釈尊が解脱を成し遂げた瞑想を主体とした「仏陀の修行法」である。

「仏陀の修行法」は、八万以上もあると言われている仏典の中で、仏陀釈尊の教えに最も近いとされる「阿含経」(ニカーヤまたはアーガマ)の中に、それはある。

古来の仏教者達は、その方法を、「三十七品菩提分法」とか「三十七菩提分法」あるいは「三十七道品」と称してきた。

即ち、四念処（四念住）・四正勤（四正断）・四神足（四如意足）・五根・五力・七覚支・八正道（八聖道）の七科の集計である。

日本では近年まで、「三十七道品」は一部の学者や有識者以外、あまり知られていなかった。よく知られていたのは、仏道修行者が必ず修めるべき基本的な修行課目である「戒・定・慧の三学」や「八正道（八聖道）」などである。

そこで、「戒・定・慧の三学」を説明すると、「戒・定・慧」が三つ全て揃って仏陀の修行法なのである。

戒とは、「戒禁」（かいごん）ともいい、身・口・意（しん・く・い）という〝身体的行動と言葉（言動）および思い（意念）〟の悪行（積不善）を禁（断）じ、善行（積善）を実践することである。

戒を習得する方法（実践法）も、戒（戒行）と言ったりする。

定とは、瞑想や座禅のことである。

通常（日常）の私達の心（意識）は、雑念（記憶や怒りや悲しみや懐かしさなど）が次々に湧き上がっており、心が静かで穏やかで、一つの対象に無心に定まっている時はほとんどない。

ある時は怒り、ある時は憎しみ、ある時は悲しみ、ある時は喜び、ある時は失望し、そして、ある時は悔やんでいる。

心は、常に落ち着くことなく動き回って、私達の肉体と行動に影響を及ぼしている。

例えば、親しい人から何気ない嫌味(いやみ)を言われた時にも、怒りの感情がこみ上げてくる。

その場合、人間関係がギクシャクしないように、怒りの感情を抑えて、心を落ち着かせようとする。

定(瞑想や座禅)は、そのような心を落ち着かせようとする方法の一つとして、最初は考案され、その後に宗教などの修行法として発展してきたと筆者は考えている。

その定まっていない心を、一つの対象に集中して、心を平穏にすることが定(瞑想や座禅)である。

これを実践していくと、日常生活においても、しだいに心が静かで穏やかになっていく。

また、定(瞑想や座禅)に習熟して、集中が極まった時に体験される、瞑想する主体と瞑想対象とが融け合ったような合一感である主客未分の感覚、または主客融合の感覚が三昧(サマーディ)と呼ばれる。

そして、定を習得する方法(実践法)も、定(禅定)と言ったりする。

慧とは、煩悩の惑を破って、全ての物事を正しく見ることであり、真実の姿を見極めることである。全ての物事を正しく見ることを智慧とも言うが、慧（智慧）を習得する方法も慧（慧学）と言ったりする。

慧（智慧）の有り無しは知識の有り無しではなく、さらに学力（学歴）が高い低いでもない。学力（学歴）が高く知識が豊富なはずなのに、簡単に詐欺の被害に遭う事例は少なくない。反対に、学力（学歴）は高くないし知識もそれほど豊富でなくても、詐欺の被害に遭わない（詐欺の被害から逃れた）人も多い。

すなわち、慧とは、一般的な知識や学問ではなく、対象を鮮明に直観することができる智慧であり、ヨガで言うところの弁別智のことである。

戒・定・慧の目的は何かと言うと、「煩悩（我）」という〝自己中心的な心の働きを作動させる根本原因〟を解消することであり、解脱（輪廻を脱した境地、涅槃）を達成することである。

ここで、「戒・定・慧の三学」を「三十七道品」に当てはめると、大まかには次のようになる。

- 「四正勤（四正断）」は、悪（不善）を禁じて善を実践する「戒」に該当する。
- 「四神足（四如意足）」は、瞑想や座禅のことである「定」に該当する。
- 「四念処（四念住）」は、煩悩の惑を破って全ての物事を正しく見る「慧」に該当する。

「四正勤（四正断）」と「四神足（四如意足）」と「四念処（四念住）」を合わせて、「戒・定・慧の三学」すなわち仏陀の修行法なのである。

修行法の内容を説明する場合や修行法を人々（弟子や信者）に伝授する場合においては、それぞれ個別に行なうが、実際の修行においては各々が独立して個別に実践される訳ではなく、三つ同時に実践される。

そして、仏陀の修行は瞑想を中心として組み立てられ、三つが同時に実践される。

- 「四正勤（四正断）」を主体的に実践する場合は、「四念処（四念住）」が基盤となり、「四神足（四如意足）」が中核となる。
- 「四念処（四念住）」を主体的に実践する場合は、「四正勤（四正断）」は前提条件であり、「四神足（四如意足）」は中核となる。
- 「四神足（四如意足）」を主体的に実践する場合は、「四正勤（四正断）」は前提条件であり、「四念処（四念住）」は基盤となる。

（二） 成仏法（「三十七道品」）の基本的な構成

筆者が成仏法を追求する上で、まず最初に知りたかったことは、成仏法は具体的にどういう構成

（基本的な手順）になっているのだろうかということであった。

筆者が調べた限りでは、こういう視点で成仏法について書かれたものはない。

筆者は幸いにも、高校・大学と理系であり、就職してからも技術者として過ごしてきた。

筆者が技術者として経験してきた幾つかの分野において、改善手法の手順は大きく分けると全く同じである。

例えば、生産トラブルの復旧方法を例に挙げると、大きく分けると2つの手順がある。
1．まず最初に、生産トラブルの原因を調査して、原因を特定するのである。
2．次に、特定した原因を排除する。（その際の破損個所の修理も、原因排除の中に入る。）
おそらく、この世の全ての分野において、改善手法の手順は大きく分けると全く同じであると思われる。「解脱を成し遂げる方法（成仏法）」も、「解脱していない状態（迷い苦しむ状態）」から「解脱している状態」へと改善させる方法である。

そのために、解脱を成し遂げるための方法（成仏法）も、同じような手順で構成されている。
1．まず最初に、解脱を妨げる原因となっている煩悩（我）を見究める。
そのために、「四念処（四念住）法」で説かれているように、常に自分の心（言動）に注意するのである。

2．次に、見究めた煩悩(我)を一つずつ解消・消滅する。

その際、煩悩(我)の本体は心の奥(潜在意識)にあるので、潜在意識の扉を開くための技術である瞑想を行なう。(例えば「四神足」で説かれている瞑想)

四念処(四念住)法以外の仏陀の修行法も全て、同じような手順で構成されていると思われる。

1の煩悩(我)を見究める方法は、「四念処(四念住)法」で説かれているように、「常に自分の心(言動)に注意すること」以外には方法はないので、仏陀の修行法全てに共通であると思われる。

2の見究めた煩悩(我)を解消・消滅する方法は、弟子達の能力や性格・気質、修行段階に応じて工夫されたものと思われる。

(三) 成仏法の前提条件である四正勤

四正勤(四正断)については、筆者の著書「四正勤法」において詳細に解説している。ここでは、要点を抜き出して(かいつまんで)説明したい。

それでは、四正勤(四正断)とはどんな修行かというと、「勤」すなわち「積極的に行なう修行」と「断」すなわち「決して行なわない修行」のことをいう。

「何を積極的に行ない」、そして「何を決して行なわない」のかというと、「積徳・積善を積極的に行ない」、そして「悪行・不善を決して行なわない」のである。

「積徳・積善に勤め、悪行・不善を行なわない」修行というと、まさしく「戒」を守る修行である「戒行」のことである。


四正勤(四正断)は、断断(断勤)、律儀断(律儀勤)、随護断(随護勤)、修断(修勤)の四つの修行法から成り立っていると言われている。

そして、その四つの修行法は、次のようなものであると言われてきた。

- 断断（だんだん）　既に生じた悪を除くするように勤める。
- 律儀断（りつぎだん）　まだ生じない悪を起こさないように勤める。
- 随護断（ずいごだん）　まだ生じない善を起こすように勤める。
- 修断（しゅだん）　既に生じた善を大きくするように勤める。

しかし、それぞれの修行法の具体的な内容については、全く明記されてはいない。それは、当然なことであると考えられる。

四正勤(四正断)は、「戒」を守る修行の「戒行」のことである以上、「戒」として既に確立されているからである。

「戒行」を実践すれば、断断（断勤）、律儀断（律儀勤）、随護断（随護勤）、修断（修勤）の効果を得ることができるという意味なのである。

それぞれの意味は、次のようになる。

● 断断　これまでの（前世と今生の）人生において積み重ねてきた悪行・悪業によって、今すでに生じている悪い出来事が、四正勤法を実践していくにつれて次第に解消・消滅していく。

● 律儀断（りつぎだん）これまでの人生において積み重ねてきた悪行・悪業によって、今後生じるであろう悪い出来事が、四正勤法を実践していくにつれて生じる前に解消・消滅していくようになる。

● 随護断　これまでの人生において積み重ねてきた善行・善業によって、今後生じるであろう良い出来事が、四正勤法を実践していくにつれて速やかに実現するようになる。

● 修断（しゅだん）これまでの人生において積み重ねてきた善行・善業によって、今すでに生じている良い出来事が、四正勤法を実践していくにつれて増々大きくなっていく。

多くの人が理解している戒行は、「悪いことは行なわずに、良いことを行なう」という倫理、道徳とあまり変わらない程度の認識が一般的である。

しかし、四正勤という戒行は、それだけではないのである。

四正勤の効果でもある、断断、律儀断、随護断、修断の四つの意味をもう一度よく見てほしい。四正勤法を実践していくことで、

断断　今すでに生じている悪い出来事が、次第に解消・消滅していく。
律儀断　今後生じるであろう悪い出来事が、生じる前に解消・消滅していく。
随護断　今後生じるであろう良い出来事が、速やかに実現するようになる。
修断　今すでに生じている良い出来事が、増々大きくなっていく。

ということは、別の言葉で言い表すと、まさしく「運命が変わる」ということである。四正勤法を実践していくことで、運命が変わるのである。

（解説）　戒とは何か？

戒は、在家・出家を問わず仏教徒が守るべき行動規範であり、戒・定・慧という仏教の三学の一つでもある。

そして、その多くは仏教徒に限らず人間誰でも守るべき行動規範である。その内容は、「積徳・積善に勤め、悪行・不善は行なわない」ということである。

戒は、犯した場合でも処罰の規定を伴わない。

しかし、その中には現在の法律に違反し処罰の規定を伴なっているものもある。

スポーツや学問を始めとして何かを習得し向上・改善するためには、自発的に努力する時間

が多ければ多いほど大きな効果が得られる。

ところが戒はそれとは異なり、自発的な努力を常に続けるのである。ここに、戒特有の大きな特徴がある。

ただし、実践(修行)が進むと、しだいに習慣となり、自然な行動としてできるようになる。

お釈迦様と直弟子達の初期仏教(原始仏教)の流れをくむ部派仏教では、在家・出家の違いと男女の違いに応じて、五戒・八戒(八斎戒)・十戒・具足戒がある。

大乗仏教では、その4つを全て声聞戒と呼び、それとは別に菩薩戒(大乗戒)がある。


「五戒」


仏教の在家信徒(優婆塞・優婆夷)は、以下の五戒が課される。

優婆塞(うばそく)は男性の在家信者で、優婆夷(うばい)は女性の在家信者のことである。

不殺生戒(ふせっしょうかい)— 殺生をしない
不偸盗戒(ふちゅうとうかい)— 盗みをしない
不邪婬戒(ふじゃいんかい)— 不倫などの道徳に反する性行為をしない
不妄語戒(ふもうごかい)— 嘘をつかない
不飲酒戒(ふおんじゅかい)— 酒を飲まない

「八戒(八斎戒)」

また、毎月の六斎日には、五戒に代えて、八斎戒(はっさいかい)が課される。

六斎日(ろくさいにち)は、1か月の内、8日・14日・15日・23日・29日・30日の6日。

不殺生戒(ふせっしょうかい)─殺生をしない

不偸盗戒(ふちゅうとうかい)─盗みをしない

不淫戒(ふいんかい)─性行為をしない

不妄語戒(ふもうごかい)─嘘をつかない

不飲酒戒(ふおんじゅかい)─酒を飲まない

不得過日中食戒(ふとくかじつちゅうじきかい)─正午以降は食事をしない

不得歌舞作楽塗身香油戒─歌舞音曲を見たり聞いたりせず、装飾品、化粧・香水など身を飾るものを使用しない。

不得坐高広大床戒─贅沢な寝具や座具でくつろがない

「十戒」

出家をして仏教の僧侶(沙弥・沙弥尼)になると、以下の十戒が課される。

沙弥(しゃみ)は男性の出家したばかりの僧侶で、沙弥尼(しゃみに)は女性の出家したばかりの僧侶のことである。

不殺生戒(ふせっしょうかい) ― 殺生をしない
不偸盗戒(ふちゅうとうかい) ― 盗みをしない
不淫戒(ふいんかい) ― 性行為をしない
不妄語戒(ふもうごかい) ― 嘘をつかない
不飲酒戒(ふおんじゅかい) ― 酒を飲まない
不塗飾香鬘戒(ふずじきこうまんかい) ― 身体を飾らない
不歌舞観聴戒(ふかぶかんちょうかい) ― 歌舞を観聴きしない
不得坐高広大床戒 ― 贅沢な寝具や座具でくつろがない
不非時食戒(ふひじきかい) ― 午後から翌朝日の出まで、食事をしない
不蓄金銀宝戒(ふちくこんごんほうかい) ― 蓄財をしない

その他にも、真言宗を始めいくつかの仏教系の宗教団体では、十善戒(じゅうぜんかい)が重んじられている。

十善戒も、仏教における十悪(十不善業道)を否定形にして戒律としたものであり、四国遍路の大衆化により宗派を問わず普及してきている。

内容は、三業(身口意)にそれぞれで対応するようになっている。


「十善戒」

身業

不殺生戒(ふせっしょうかい)—殺生をしない
不偸盗戒(ふちゅうとうかい)—盗みをしない
不邪婬戒(ふじゃいんかい)—不倫などの道徳に反する性行為をしない

口業
不妄語戒(ふもうごかい)—嘘をつかない
不綺語戒(ふきごかい)—中身の無い言葉を話さない
不悪口戒(ふあっくかい)—乱暴な言葉を使わない
不両舌戒(ふりょうぜつかい)—他人を仲違いさせるようなことを言わない

意業
不慳貪戒(ふけんどんかい)—激しい欲をいだかない
不瞋恚戒(ふしんにかい)—激しい怒りをいだかない。
不邪見戒(ふじゃけんかい)—(因果の道理を無視した)誤った見解を持たない

ところで、我々現代人は「戒」をどういうものとして認識しているのだろうか？

おそらく大多数の人は、倫理や道徳とあまり変わらないものとして認識しているのではないだろうか。

たとえば、日頃から十善戒などを唱えている宗教団体の信者の方々でさえも、その大切さは頭の中では理解していても、日常生活では意識からは消え去っており、何事も自分の利益最優先で判断し、選択して、そして行動しているのが実状だと思われる。

それは何故だろうか？

それは、自分に生じる幸福と不幸および幸不幸の成り立ちについては、あまり考えないからだ　と思われる。言葉を換えると、自分の運命とか運命の成り立ちについては、あまり考えないからである。そのくせ、人は誰でも常に、幸福になりたい、幸福でいたい、不幸にはなりたくない、不幸はイヤだ、と思っている。そのため、たとえ日頃から十善戒などを唱えていたとしても、どうしても自分の利益最優先で判断し、選択して、そして行動するのである。

繰り返しになるが、

仏陀が説かれるように、私達の苦しみや不幸は、心の中にある煩悩(我)によって生じる。その結果、煩悩(我)を多く出して人を傷つけ苦しめるほど、因縁果報(因果律)により、その後の人生は苦しみや不幸が多く生じてくるし、逆に煩悩(我)を抑えて人を助けて喜ばれるほど、その後の人生は苦しみや不幸が少なくなり、楽しみや幸福が多くなる。すなわち、運命とは人の意志をこえてやってくる身の上に起こる出来事、幸福、不幸を言うが、それは人間一人一人の心(意識)に内臓されている煩悩(我)によって具現化されるのである。

もし、心(意識)に内臓されている煩悩(我)を減少することができたり、減少できなくても実際の生活の場において言葉や行動となって現れる煩悩(我)を抑えることができるならば、それに応じて不幸な出来事が減ることになる。

さらに、人を助けたり人のためになる事を行なっていくと、幸福な出来事が生じることになる。

逆に、自分の利益や欲望を満たすために煩悩(我)のままに行動して、人に損害を与えたり人を困らせたり、又は人が困っているのを無視したり喜んだりするなど、人を傷つける事を行なっていくと、そのうち不幸な出来事が生じることになる。

すなわち、実際の生活の場において、言葉や行動をそれまでの自分の言動パターンとは別の「世のため人のためになるパターン」に変えることで、それも一時的に変えるのではなく、ずっと変え続けることで、因果律により運命が幸福な方向へと変わっていくことになる。これこそが、戒(戒行)なのである。最終的には、解脱(輪廻を脱した境地、涅槃)へと導く実践方法(成仏法)なのである。

日頃から十善戒などを唱えている宗教団体の信者の方々もそうであるし、宗教活動とは一線を画している方々もそうであると思われるが、大多数の人々は、戒も含めて倫理・道徳の大切さは一応頭の中では理解していても、実生活の場においては頭の片隅に追いやられて、何事も自分の利益最優先で判断し、選択して、そして行動しているのが実状だと思われる。

それは何故だろうか？

その理由は、先に、自分に生じる幸福と不幸および幸不幸の成り立ち、すなわち自分の運命とか運命の成り立ちについては、あまり考えないからであると述べたが、そればかりではないのである。

それ以外の理由が二つある。

それ以外の理由の一つ目は何か？

それは、戒も含めて倫理・道徳を、実生活の場において生かす方法を知らないからである。すなわち、知識としては戒も含めて倫理・道徳の大切さは知っていても、それを実生活の場において具体的に実践する方法を知らないからである。

お釈迦様や直弟子がご在世の初期仏教時代においては、お釈迦様や直弟子のもとで出家をし僧侶になることで、戒を実生活の場において実践することができた。当時は、守り行なうべき戒も多かったが、集団生活の中で厳格に守り行なう環境にあった。さらに、出家をせずに在家信者のままであっても、お釈迦様や直弟子の指導のもとに、戒を実生活の場において実践することができたという。そのため、解脱まで到達できた在家信者も多くいたと言われている。

現代でも禅宗など一部の寺院においては、出家修行者(僧侶)達が集団生活をしながら厳しい修行を行なっており、戒律を厳格に守り行なう環境にあるという。

「修行道場での出家修行」という一般社会からは距離を置く生活環境ではあるけれども、そういう所では戒を実生活の場において活かすことができると思われる。

しかし、昔から僧侶でさえも、戒を実生活の場において十分に活かすことはむずかしいと言われている。

特に、宗教離れが指摘されている昨今では、信者数や檀家数が減少し、そのために寺院の運営もむずかしくなり、寺院の運営にも多くの時間や労力を割かざるを得ず、一段と戒を実生活の場において十分に活かすことはむずかしくなってきていると思われる。

ましてや、普段は宗教とはほとんど関わりのない大多数の我々一般大衆は、戒を実生活の場において活かすという意識さえない。

たとえ、少しはそういう意識が浮かんだとしても、実生活の場において生かす方法を知らないために、そういう意識はすぐに頭の片隅に追いやられて、いつものように何事も自分の利益最優先で判断し、選択して、そして行動してしまうことになる。

それ以外の理由の二つ目は何か？

それは、戒を実践する前から、「実践できる訳がない」と白旗を掲げているからである。

例えば、数が少ない「五戒」でも完全に守ることができると思っている人はまずいない。一か月とか二か月だけという期間限定ならともかく、将来にわたって死ぬまでずっと守り続けることができると思っている人はまずいない。

ほとんどの人は、「五戒を完全に守ることができる訳がない」と思っている。すなわち、戒を実践する前からギブアップしているのである。

かくいう筆者自身も、「最初から五戒を完全に守ることができる人はいない」と思っている。

しかし、「戒を守ろうと戒を実践していくうちに、いつの間にか戒を守ることができるようになる方法」を仏陀釈尊は必ず工夫されており、実際に弟子達に指導されていたと考えている。


それでは、「戒を実生活の場において活かす方法」とは何か？

しかも、「戒を守ろうと戒を実践していくうちに、いつの間にか戒を守ることができるようになる方法」とは何か？


それこそが、四正勤なのである。

「陰騭録の運命転換法」を活用した「運命を変える四正勤法」なのである。


筆者は、初期仏教の時代から、「陰騭録の運命転換法」の原型らしきものが工夫されており、特に在家信者に対してはそれを用いて指導されていたと考えている。

詳しくは、筆者の著書「四正勤法」を参照して欲しい。

(四) 成仏法の中核となる四神足

筆者の著書「四神足瞑想法」の読者感想文の一つに、大変参考になるありがたいご指摘があった。

それは、パーリ語仏典の四神足相応という個所に、「四神足を実践する際の要領」について釈尊が語った文章があるというご指摘である。

その文章は、瞑想経験が少ない人とか、または瞑想経験は豊富であっても瞑想（修行）の段階がそれほど進んでいない人にとっては、おそらく〝一見すると具体的なようにも見えるが、ところがよく見ると何を語っているのかサッパリ分からない〟と感じるかもしれない。それでは、その文章を以下に示す。

「では、どのような因、どのような縁を得る時、神足を修習するであろうか？

そこでわたしはこう実践したのである。

ここでわたしは

1．欲三昧勤行成就の神足を修習するとしよう。

それはこのようにしたのである。

わたしの意欲は精勤に過ぎるということはなく、

また退縮に過ぎるということはなく

内側に収まることなく

外側に散らばる事はないとし、
前後に想があってとどまっていて、
後ろは前のように
前は後ろのように
上は下のように
下は上のように
夜は昼のように
昼は夜のようになった。
このように広大で纏わりつかない心によって光り輝く心を修習した

2.

勤三昧勤行成就の神足を修習するとしよう。

それはこのようにしたのである。

わたしの意欲は精勤に過ぎるということはなく、
また退縮に過ぎるということはなく
内側に収まることなく
外側に散らばる事はないとし、
前後に想があってとどまっていて、
後ろは前のように

前は後ろのように
上は下のように
下は上のように
夜は昼のように
昼は夜のようになった。
このように広大で纏わりつかない心によって光り輝く心を修習した

3．心三昧勤行成就の神足を修習するとしよう。
それはこのようにしたのである。
わたしの意欲は精勤に過ぎるということはなく、
また退縮に過ぎるということはなく
内側に収まることなく
外側に散らばる事はないとし、
前後に想があってとどまっていて、
後ろは前のように
前は後ろのように
上は下のように
下は上のように

夜は昼のように
昼は夜のようになった。
このように広大で纏わりつかない心によって光り輝く心を修習した

4.

観三昧勤行成就の神足を修習するとしよう。

それはこのようにしたのである。

わたしの意欲は精勤に過ぎるということはなく、
また退縮に過ぎるということはなく
内側に収まることなく
外側に散らばる事はないとし、
前後に想があってとどまっていて、
後ろは前のように
前は後ろのように
上は下のように
下は上のように
夜は昼のように
昼は夜のようになった。
このように広大で纏わりつかない心によって光り輝く心を修習した」

先に、〝具体的なようでいて、一見すると何を語っているのかサッパリ分からないような文章とも受け取れる。〟と書いたが、それは文章（言葉）にはどうしても表現力の限界があるためである。

人間には、言葉（文章）を道具として何かを表現したり、ほかの人に伝達する能力が備わっている。しかし、言葉（文章）では何かを厳密には表現できないのである。そういう意味では、言葉（文章）は不自由なものであり、不正確なものである。

事物の現象を表現する道具（手段）として、ある分野においては言葉（文章）よりも優れている図形や数式を人類は工夫し発明してきたけれども、自分の思いや知識や思想や感覚を表現する道具（手段）としては、言葉（文章）がやはり最良と言ってもいいと思う。それでも、言葉（文章）は不自由なものであり、不正確なものである。

特に、瞑想法のような直感的・感覚的な知識（技術）は、言葉（文章）ではどうしてもうまく伝えることが出来ない。そうした中で、上記の釈尊の文章は、非常に具体的で分かり易いものである。

実は筆者は、上記の釈尊の文章を目にした瞬間、非常に驚きそして感動した。

それというのも、筆者は、筆者の第一作である「四神足瞑想法」の〝第五課程　クンダリニーを活動させて、「明星」を発現させる技法〟の中の、〝上級編　気（のエネルギー）を用いた「明星」の発現技法〟を文章化する際に、各段階における自分の意識（心）の状態・意識（心）の変化を具体的に表現することに非常に苦しんだからである。そして、うまく表現することができない自分の表現力のなさを痛感させられた。そのため、〝もどかしさ〟や〝物足りなさ〟をずっと感じていた。それが、上記の釈尊の文章を目にした瞬間、その〝もどかしさ〟や〝物足りなさ〟が氷解した。

「明星」が発現するまでの過程(プロセス)は、次の五つの段階からなる。

段階1：チャクラとクンダリニーの宿る場所を活性化して気を発生させ、発生した気を脳のチャクラ(サハスララ・チャクラ、アジナー・チャクラ)に移送する段階

段階2：脳のチャクラにおいて、気を濃縮・強化する段階

段階3：意識が深く沈んで呼吸がほとんどないかのような状態になり、そして光明が発現する段階

段階4：発現した光明(の色や形状)が、さまざまに変化する段階

段階5：意識がさらに深まって、さまざまに変化していた光明が、突然、安定した円形の光明(満月や太陽のような光明)、もしくは点状の光明(明星のような光明)になる段階、すなわち「明星」の発現の段階

そして、各段階ごとに手順1、手順2……と順を追って、実施方法を解説しているが、各段階の手順1を実施する際に、自分の意識(心)の状態は、必ず釈尊の文章にあるような状態、すなわち次のような状態になっている。

言葉を換えると、次のような状態になってから、各段階の手順1、手順2……と順を追って実施するのである。

すなわち、

わたしの意欲は精勤に過ぎるということはなく、
また退縮に過ぎるということはなく
内側に収まることなく
外側に散らばる事はなく、
前後に想があって静寂であり、
左右に想があって静寂であり、
後ろは前のように
前は後ろのように
右は左のように
左は右のように
上は下のように
下は上のように
夜は昼のように
昼は夜のようになっている状態でなければならない。
すなわち、このように広大で纏わりつかない心（意識）になっていなければならない。

釈尊が語っている文章の「わたしの意欲は精勤に過ぎるということはなく、」から「昼は夜のようになった。」までは、広大で纏わりつかない心(意識)の状態を、できる限り具体的に表現したものである。

釈尊のこの文章を、〝昼も夜も一日中、成就を願い、努力し、瞑想をしなさい〟と述べているように受け取る人がいるかもしれないが、そうではないのである。

「広大で纏わりつかない心(意識)」は、「三昧(サマーディ)」(主観と客観が一体となった状態)の段階での心(意識)であり、「三昧(サマーディ)」に移行する前段階での心(意識)でもある。そういう〝非常にリラックスした状態〟で、「欲三昧勤行成就の神足(欲神足)」も「勤三昧勤行成就の神足(勤神足)」も「心三昧勤行成就の神足(心神足)」も「観三昧勤行成就の神足(観神足)」も修習したと釈尊は語っているのである。

筆者は、この釈尊の文章を読み終えてから、先ほどよりもさらに驚いた。というのは、筆者の場合は「心神足」「観神足」の時には確かにそうである。

しかし、「勤神足」の時にはリラックスした状態ではあるが、釈尊が語っている〝非常にリラックスした状態〟ではなかった。

さらに、最初の「欲神足」は、ごく普通の状態である「日常意識」の状態で修習していた。もっとも、「欲神足」のトレーニングが進めば進むほど、「日常意識」から〝リラックスした状態〟に自然に移行していくものの、開始にあたっては「日常意識」であった。
しかし釈尊は、「欲神足」も「勤神足」も全て、〝非常にリラックスした状態〟で修習したと語っているのである。

そのために筆者は、釈尊が伝えたかった意味を考えさせられた。〝非常にリラックスした状態〟は、心が安定している状態である。心が安定している状態や統一している状態は、心の欠点である怒りや憎しみや焦りなどの煩悩(我)が出にくい状態であり、雑念に影響されない状態である。そういう意識(心)の状態では、さらに瞑想の効用も加味される。瞑想の効用とは、集中力や直観力が高まり、頭の回転が速くなることである。すなわち、そういう意識(心)の状態では、習得も早いのである。そして、〝非常にリラックスした状態〟を習得するには、通常の瞑想だけでも可能だが、四神足の「欲神足」の実践も並行しながら行なうと、より早く習得することができるのである。それは、四神足の「欲神足」が上達するにつれて、通常は瞑想中だけに得られる〝非常にリラックスした状態〟を、瞑想中だけではなく日常生活においても得ることが出来るようになる。

釈尊とは違って、私達凡人は〝非常にリラックスした状態〟で最初から「欲神足」を実践することはできないが、できるだけリラックスして実践するうちに、そして「欲神足」が上達するにつれて、〝非常にリラックスした状態〟で「欲神足」を実践することができるようになる。

ここで、少し脱線するが、瞑想(修行)の段階がそれほど進んでいない人と、瞑想(修行)の段階が進んでいる人との違いを説明したい。

(瞑想の段階がそれほど進んでいない人の特徴)

・瞑想について書かれた文章や、瞑想について口伝などで伝えられ言及されている内容を、瞑想の段階がそれほど進んでいない人は、それを頭で理解しようとする。

(瞑想の段階が進んでいる人の特徴)

・瞑想について書かれた文章や、瞑想について口伝などで伝えられ言及されている内容を、瞑想の段階が進んでいる人は、それを身体(からだ)で理解しようとする。

・身体(からだ)で理解するとはどういうことかを、上記の釈尊の文章を例にして説明すると、釈尊の文章(釈尊が語っている内容)を、身体全体の皮膚に刻み込むようにして、身体全体の皮膚で理解できるようにして、身体全体の感覚を研ぎ澄ませている。

・瞑想の段階が進んでいる人は、気功法を訓練していなくても、必ず気(のエネルギー)を感知することが出来るようになる。

そのため、本人は自覚しなくても、瞑想中には気を感知している。気(のエネルギー)は、身体内部では非常に流れ易い通路(東洋医学では経絡、ヨガではナディーやスシュムナー管と呼ばれる)で感知され易いが、最も感知され易いのは皮膚(身体の表層部)である。

・その皮膚(身体の表層部)で感知される気(のエネルギー)を介して、上記の釈尊の文章を理解できるように、身体全体の感覚を研ぎ澄ませているのである。そうすることで、身体(からだ)で釈尊の文章は理解できるようになる。

・もっとも、気功法に習熟し、気を自在に操作することが出来るならば、気を全身に行き渡らすことで、釈尊の文章は理解できるはずである。

話を元に戻したい。

前述したように、成仏法全ての基本的な構成(手順)は、次の二つである。

1. まず最初に、解脱を妨げる原因となっている煩悩(我)を見究める。
そのために、「四念住(四念処)法」で説かれているように、常に自分の心(言動)に注意するのである。

2. 次に、見究めた煩悩(我)を一つずつ解消・消滅する。
その際、煩悩(我)の本体は心の奥(潜在意識)にあるので、潜在意識の扉を開くための技術である瞑想を行なう。(例えば「四神足」で説かれている瞑想)

二つのうちの「2. 見究めた煩悩(我)を一つずつ解消・消滅する。」は、瞑想で潜在意識の扉を開いた状態で実践するのである。

すなわち、釈尊が語っているように、「広大で纏わりつかない心(意識)」になった状態で実践するのである。

そのために、常に、瞑想(成仏法では四神足)を心掛けなさいということであり、そういう意味で、瞑想(四神足)は成仏法の中核であると言うことができる。

(五) 成仏法の基盤となる四念処(四念住)

前述したように、成仏法全ての基本的な構成(手順)の二つのうちの、「1. まず最初に、解脱を妨げる原因となっている煩悩(我)を見究める。」は、四念処(四念住)の重要な実践要素である「念」(サティ、マインドフルネス)を活用するのである。そのため四念処(四念住)は、仏陀の修行法(成仏法)全ての基盤であると言っても差し支えない。

次に、筆者が具体的に整理した四念処法について、簡単に紹介したい。

(ステップ1) 煩悩(我)を見究める方法

これは、第一課程から第四課程まである。

第一課程　四正勤(戒行)の実践

第二課程　過去に犯した罪を思い出して懺悔する

第三課程　過去を振り返り、自分の悪い性格や欠点を自覚する
第四課程　マインドフルネス（気付きの瞑想）

（ステップ2）　煩悩（我）を解消・消滅する方法
これは、第一課程から第五課程までである。
第一課程　身観（身念処）による煩悩（我）を解消する方法
第二課程　受観（受念処）による煩悩（我）を解消する方法
第三課程　心観（心念処）による煩悩（我）を解消する方法
第四課程　法観（法念処）による煩悩（我）を解消する方法
（その一）「祈り」（想念エネルギー）を活用する方法
第五課程　法観（法念住・法念処）による煩悩（我）を解消する方法
（その二）「気」（気のエネルギー）を活用する方法

（解説1）　四念処法の煩悩（我）を見究める方法として、マインドフルネスを第四課程に位置づけている。

「マインドフルネス瞑想」は、インドからスリランカ、ミャンマー、タイなど東南アジアに伝えられた、仏陀直説の経典アーガマ（阿含経）を信奉している上座部仏教の主要な修行法（瞑想法）である。

また、煩悩（我）を解消・消滅する方法は、上座部仏教の主要な修行法（瞑想法）である

「マインドフルネス瞑想」や、そこから発展したと思われる「ヴィパッサナー瞑想」でも確かに言及はしている。

但し、多くは言及していないし、あまり具体的でもないと感じられる。

もし、読者の中に上座部仏教の関係者がおられるならば、「マインドフルネス瞑想」や、そこから発展したと思われる「ヴィパッサナー瞑想」を、「四念処法」の構成要素にされたと誤解されて、傷付けられたという思いが湧くかもしれない。

しかし、筆者は純粋に四念処を追及した結果であり、上座部仏教を貶めたり傷つけようという思いは一切ない。

また、「ヴィパッサナー瞑想」の中には四念処や七覚支があるようだが、それらはヴィパッサナー瞑想を追求・深化したもので、初期仏教のものとは大きく変貌(変化)していると思われる。

さらに、上座部仏教の関係者の中には、〝仏陀の修行法はヨガとは全く関係がない〟という立場の人達もお見受けするようだが、しかし、「仏陀はヨガの達人と称された」と伝えられている。

仏陀は、成仏法の中にヨガの技法も取り入れているのである。

例えば、「マインドフルネス瞑想」は、仏陀釈尊が独自に創案したものではない。そのため、「ヴィパッサナー瞑想」も、仏陀釈尊が独自に創案したものではない。何故かと言うと、それに酷似した行法が、仏陀生誕以前のヨガの行法の中にあるからである。

仏陀のご在世以前から、インドにおいては実践されていたと考えるのが自然である。古代インドの賢人（天才）達ならば、当然気づいたことであろうし、実際に実践していたものと思われる。

それだけではなく、古代インドの賢人達の弟子達や信者達も実践していたであろうことも容易に推察できる。

仏陀は、伝統的に行なわれていた多くの瞑想法の中から、煩悩（我）を解消するために最も優れている方法を、仏陀ご自身の修行体験を通して選定し、さらに弟子達が習得できるように、より効率的に編成されたものと筆者は考えている。

（解説2）

ついでに、四神足についても言及すると、

〝仏陀の修行法は、ヨガとは全く関係がない〟という立場の上座部仏教関係者からすると、〝仏陀の修行法は、ヨガと深い関係がある〟という立場である筆者の第一作の「四神足瞑想法」は四神足ではないと否定したい気持も分からないでもない。

ここは、後進の人達のためにも、はっきりと言わなければならない。

（解説1）でも述べたように、仏陀の修行法はヨガと深い関係がある。筆者は26才の頃に、通説では仏陀の呼吸法とされた「安那般那念経」に出会った。

それから数年の後、「安那般那念経」は四神足ではないかと気付いた。

そうして、筆者は著書「四神足瞑想法」において、四神足の内容は勿論のこと、習得するための実践方法も、段階ごとに手順書形式で具体的に提示している。「仏陀はヨガの達人と称された」と伝えられているので、当然のことながら、四神足の実践方法は、ヨガの行法と関連があるのは言うまでもない。

(六)「四念処(四念住)」と「ヨガの行法」とが関連している証拠

ヨガの行法の中でも、仏陀の修行法に関連すると思われるものをいくつか紹介したい。

(一) ヨガの聖典とも言われている「ヨーガ・スートラ」では、瞑想によって心の動きをしっかりと抑制することがヨガであるとされている。

そのために、瞑想(精神集中)をするわけだが、精神集中への心理的過程を、制感・凝念・静慮・三昧の四つの段階に分けている。

このうちの制感は身体的要素もあるので、凝念・静慮・三昧を特に瞑想の三段階と称している。

第二段階の静慮(ディアーナ)は、中国では禅那と音訳し、略して禅と言う。静慮の瞑想法としては、まず「意識の集中」を行ない、その後に観想すなわち「意識の拡大」を行なう。

その際の観想すなわち「意識の拡大」は意識的に行ない、その境地の獲得を目指している。

三昧は極限の境地であって、主観と客観とが一体となったものとされている。三昧（サマーディ）の瞑想法としては、具体的には記されていない。

凝念・静慮・三昧の三つの行法は同一対象に対してなされるから、総称して綜制（そうせい）とか三昧耶（サンマヤ）と呼ばれる。

その起源が紀元前二千年から三千年と言われているヨーガの根本教典である「ヨーガ・スートラ」には、次のように記されている。

三・五　綜制を克服した時に、真智が輝き出る。

綜制が習性となって、いつでも直ぐにその心境（意識）になると、対象の実相（本質）が分かるようになること。対象が「自分の今、この瞬間の体験（様々な思いや行為）」の場合だと、その本質（煩悩）が分かるようになる。

三・十八　綜制を適用して、行を直観するならば、前生のことがわかる。

ヨガの大先達である佐保田鶴治師の解説によると、行は過去の経験によって潜在意識内へ投入された残存印象である。記憶・想念や業報となって発現しない限りは、潜在意識内に残存する。行に綜制を向けて、直観に成功すれば、自分の前世だけでなく、他人の前世も何生にもわたって知ることが出来る。仏教では、これを宿命通(しゅくみょうつう)と呼んでいる。

そのほか、三・十九では他心通、三・四十一では天耳通、三・四十二では神足通など、綜制を適用すると、超自然力いわゆる超能力が得られると記されている。そして、このような超能力も解脱の妨害になると説かれている。このような超能力への執着心が絶たれて始めて、解脱への道が開かれるのである。

三・五の方法以外は解脱の妨害になることを、釈尊はヨガの教えからその知識を得ただけではなく、釈尊ご自身も実際に修行されて確認されたものと思われる。

勿論、釈尊の頃は全て口承伝達であり、「ヨーガ・スートラ」は後世になって文章化されたものである。

解脱に近づくにつれて、そのような超自然力いわゆる超能力は、自然に少しずつ段階的に身に付いてくるのである。

解脱が完成すると、そのような超自然力いわゆる超能力は自然と得られるのである。釈尊は解脱した際、そのような神通力いわゆる超能力を得たと伝えられている。しかし、神通力を得ることを目指した修行は、解脱の寄り道でしかない。

そのため、仏陀釈尊は、釈尊が説く成仏法だけを精進するように弟子達には指導したのである。三・五の方法を、成仏法として具体的に編成したものが、四念処(四念住)である。

第二章　念（ねん）と四念処（しねんじょ）

第二章　念（ねん）と四念処（しねんじょ）

（一）　仏教における念（ねん）の二つの意味

「念」は、仏教においては、二つの意味で使われている。

一つ目の「念」は、一般的に使われている、通常の〝思いという心の働き（心の作用）〟の意味で使われる。

そして、思いというのは、心の状態でもある。

仏教では、人間は五つの集まり（五つの構成要素）から成り立っていると説明している。多くの宗派で唱えられている「般若心経」の「五蘊皆空」の「五蘊」がそうである。「蘊（うん）」とは、集まり（構成要素）のことをいう。

そして「五蘊」とは、色（しき）・受（じゅ）・想（そう）・行（ぎょう）・識（しき）をいう。色（しき）は物質のことであり、人間では肉体のことを指している。残りの受（じゅ）・想（そう）・行（ぎょう）・識（しき）は、精神（心と心の作用）を指している。

受(じゅ)は、感受作用のことである。

私達には肉体があるので、熱いとか痛いとかを感じる。熱いとか痛いとかを感じることが感受作用であり、これが受(じゅ)である。

すなわち、受(じゅ)は受動的な精神(心と心の作用)である。

お風呂の湯を手で触って熱いと感じると、例えば「熱すぎてお風呂に入れない」というような思い(想念)が生じる。そういう思い(想念)が、想(そう)に相当する。

受(じゅ)の次には、想(そう)が生じるのである。

そして想(そう)の次は、「水を加えて、お湯の温度を適温まで下げよう」というような意識(意志)が生じる。

このような意志としての意識が、行(ぎょう)である。

それと同時に、そのことが深く認識され、他の意識と明確に区分される。

これが識(しき)である。

そして、行(ぎょう)は能動的な精神(心と心の作用)であり、識(しき)は受動的な精神(心と心の作用)であると考えられる。

ここで、受(じゅ)・想(そう)・行(ぎょう)・識(しき)のうち、受(じゅ)については受動的な精神(心と心の作用)であると述べたし、行(ぎょう)は能動的な精神(心と心の作用)であり、識(しき)は受動的な精神(心と心の作用)であると述べた。

しかし、想(そう)についてはまだ述べていない。

それでは、想(そう)はどういった精神(心と心の作用)であるのかというと、想(そう)は実に特殊な精神(心と心の作用)であり、受動的な精神(心と心の作用)と能動的な精神(心と心の作用)の両面を備えている。

受(じゅ)の次に連動して想(そう)が生じる時は、受動的な精神であり、人間以外の動物にも備わっている。人間以外の動物も、受(じゅ)の次に連動して想(そう)が生じている。

人間の場合は、想(そう)の次には行(ぎょう)という精神が働き、同時に識(しき)という精神が働いている。

それでは、人間以外の動物はどうなのかと言うと、人間以外の動物には行(ぎょう)という精神は働かずに、想(そう)の次にはおそらく識(しき)は同時に働いていると思われるが、その後はただ本能に従って行動するだけである。

すなわち、行(ぎょう)は人間以外の動物には備わっていない。

例えば、人間以外の動物が温泉の湯に触って熱いと感じると、「熱すぎて危険である」というような思い(想念)である想(そう)は生じるものと推測される。

そして、同時に識(しき)が働いて、それが記憶に刻印される。その次には、ただ本能に従って、その温泉の湯には触れないだけである。

人間の場合は、「水を加えて、温泉の温度を適温まで下げよう」というような意志(意識)である行(ぎょう)が生じる。行(ぎょう)は人間だけのものであり、人間以外の動物には生じないのである。

受（じゅ）と独立して生じる時の想（そう）は、能動的な精神（心と心の作用）であり、人間だけに生じる。

人間は煩悩（我）という自己中心的な精神（心と心の作用）を持っているので、折にふれて〝憎い〟とか〝悔しい〟とか〝かわいそうだ〟といった思い（想念）である想（そう）が生じる。

そして想（そう）の次には、「協力しない」とか「嫌がらせをしよう」とか「協力して助けよう」といった意志（意識）である行（ぎょう）が生じて、連動して識（しき）が生じる。

このような**能動的な精神（心と心の作用）の場合の想（そう）と行（ぎょう）と識（しき）を「念」と称している。**

すなわち、**一つ目の「念」は、私達が特に意識しないで日常的に行なっている〝想（そう）と行（ぎょう）と識（しき）〟ということになる。**

繰り返すようだが、人は誰でも煩悩（我）という自己中心的な精神（心と心の作用）を持っている。

一つ目の「念」は、私達の通常の〝思いという心の働き（心の作用）〟であり、すなわち煩悩（我）を伴った〝今この瞬間の思い（心の状態）〟のことを指している。

そして、煩悩(我)の発現の有り無し、大小多少に応じて、私達は幸福になったり不幸になったりもする。

一つ目の「念」である「今この瞬間の思い(心の状態)」は、そのまま肉体と行動に影響を及ぼす。そして、それが積み重なって、5年後、10年後の自分の健康状態や環境、すなわち人生(運命)になる。

ここで注意しなければいけないのは、思い(心の状態)というのは今この瞬間でしか形成することが出来ないということである。そして、行動も今この瞬間でしか形成することが出来ない。

繰り返しになるが、人は今この瞬間の思い(心の状態)によって肉体(健康)や行動が形成され、その人の人生(運命)となっていく。

例えば、仕事でも勉強でも趣味でも、「明日からやろう」とか「来週からやろう」というのは、明日になっても来週になってもやらずに、再び「明日からやろう」とか「来週からやろう」と、それを繰り返し易く、いつまで経ってもやらないことが多い。

今この瞬間においてしか、やることは出来ないのである。

極言すると、今この瞬間だけしか存在しないということである。

人が生きているのは、今この瞬間である。10分経とうが、1年経とうが、今この瞬間を生きている。よって、いわゆる過去や未来は存在せず、過去や未来は人間が作り出した概念でしかない。

過去は記憶でしかなく、未来は希望とか怖れとか予測でしかなく、あるのはこの瞬間だけしかない。今現在の思い(心の状態)は、本人だけではなく、周囲の人達にも影響を及ぼす。

これは、多くの人が日常生活において、少なからず経験していることである。

①　例えば、悲しい思いをしていると、その人の表情は勿論のこと体全体が悲しみの状態となり、そして行動も悲しみの行動となる。その人の体全体から悲しみの気(雰囲気)が周囲に発散され、周囲の人達にも影響を及ぼす。

周囲の人達は、それを無意識に(敏感に)感じ取り、人によっては、悲しみが伝染してなぜか悲しい気持になったり、悲しい記憶が甦ったりする。

人によっては、悲しんでいるその人に同情して、慰めたり、元気づけたり、助けたりする。

人によっては、悲しんでいるその人を見て、優越感や喜びを覚える不届き者もなかにはいる。

②　例えば、憎しみや怨みを心に懐いていると、その人の表情は勿論のこと体全体が憎しみや怨みの状態となる。その人の体全体から憎しみや怨みの気(雰囲気)が周囲に発散され、周囲の人達にも影響を及ぼす。

周囲の人達は、それを無意識に(敏感に)感じ取り、人によっては憎しみや怨みが伝染して憎しみや怨みの感情が湧いたりする。

人によっては、憎しみや怨みを心に懐いているその人を何となく嫌な人間と感じて、その人を避けたり、その人に反感を覚えたり、反発したりする。

③　例えば、喜びや楽しさや幸せや感謝を心に懐いていたり、周囲の人達の幸せや平安の願いを心に懐いていると、その人の表情は勿論のこと体全体がその状態になる。

その人の体全体から喜びや楽しさや幸せや感謝の気(雰囲気)とか、周囲の人達の幸せや平安の願いの気(雰囲気)が周囲に発散され、周囲の人達にも影響を及ぼす。周囲の人達は、それを無意識に(敏感に)感じ取り、人によっては喜びや楽しさや幸せや感謝の気持が伝染して同じ気持が湧いたりする。

人によっては、その人を何となく好ましい人物、心清らかな人と感じて、親しくなりたいと思う。そして、その人に対しては、どういう訳か協力や応援をしたいと思うようになる。

こういう人が、「徳のある人」とか「人徳が高い人」と言われる。喜びや幸せや感謝の心を持って、周囲の人達の幸せや健康を願うことが、功徳を積むことなのである。それは行動になって表れてくる。

このように、思い(心の状態)は、本人だけではなく、周囲の人達にも影響を及ぼす。思い(心の状態)とは、人間の心が発する念のことである。

私達が今生きているこの宇宙空間(物理空間)においては、どんな物質やエネルギーも全て「振動」(バイブレーション)という現象を有しているという。

光子、電子、原子、分子、目に見える物質、エネルギーに至るまで、宇宙に存在している全てのものは振動している。

物質の基本は「振動」であり、それが物質やエネルギーに違いを作り出しているという。

耳に聞こえない周波数の低い音、耳に聞こえる周波数の音、耳に聞こえない周波数の高い音、目に見えない赤外線、目に見える赤から紫の範囲の可視光線、目に見えない紫外線、測定可能な最低温度から最高温度、これらは全て「振動数」の違いから生じている。

どんな物質やエネルギーも全て「振動数」の違いから生じている。

X線やガンマ線などの振動数の高い放射線は、科学が進歩して測定できる精密測定機器が発明されて、ようやくその存在が発見された。しかし、X線やガンマ線などの振動数の高い放射線(高エネルギー)は、それらが発見される以前から間違いなく宇宙に存在していたのである。

このことから、現在最高の精密測定機器でも測定できないエネルギーが存在することは、どんな科学者も認めている。

思い(念)は、本人だけではなく周囲の人達にも影響を及ぼすことより、エネルギーの一種であると考えられる。

しかも、現在最高の精密測定機器でも測定できない高いエネルギーの一種であると考えられる。

思い(念)は精神エネルギーとも称されており、古今東西の有識者達によって、その独特な性質もしくは特徴が言及されている。

その性質・特徴とは、次のようなものである。

①.心に思い(念)が生じると、大脳から思い(念)という精神エネルギーが波のように放出され、思い(念)・気持の強さに応じて、周囲へと、遠くへと広がり伝わっていく。
②.また思い(念)・精神エネルギーには「指向性」があるという。すなわち、特定の個人や場所に向けると、目指すポイントに直行する。
③.思い(念)・精神エネルギーが他人の心に伝わると、同じ振動(思い、念)を呼び覚ます。

これを、「心の感化力」という。

それは、科学における「誘導」現象と同じような現象と思えばいい。

たとえば、磁石は離れた物体に磁場を誘発するし、音波は遠く離れた物体に共鳴現象を誘発するのに似ている。

強く怒っている人(強い怒りの念を持った人)は、怒りの精神エネルギーを波のように周囲に放射しており、それが他の人に伝わると、他人の心の奥に眠っている怒りの感情を呼び覚ます。そのため、怒っている人が一人でも同じ場所にいると争いが生じ易い。特に、怒りや憎悪は、その力が顕著であり広がりやすい。

ひどい場合には、暴動に至ることもしばしばある。

④. しかも、それだけではなく、思い(念)・精神エネルギーを受けた他人は、波のようにそれを返してくるという。

すなわち、善い思いは他人の善意を呼び覚まし、他人の善意が返ってくる。表現を変えると、他人の善意を引き寄せる。

悪い思い(悪念とか悪意)は他人の悪念・悪意を呼び覚まし、他人の悪念・悪意が返ってくる。表現を変えると、他人の悪念・悪意を引き寄せるという。

これを、「引き寄せ現象」という。

⑤. 思い(念)・精神エネルギーは、それを発した本人の分身のように、めぐり巡って発した本人のもとに帰ってくるという。

⑥. 思い(念)・精神エネルギーは、波と同じように、同じ思い(念)・精神エネルギーに出会うと、

同調してエネルギーは強められる。また、反対の思い(念)・精神エネルギーに出会うと、互いに反発して打ち消しあう。

すなわち、二つの思い(念)が出会うと、増幅するか減衰・中和するかのいずれかである。たとえば、憎悪の思い(念)同士が出会うと、憎悪の思い(念)は増幅する。

しかし、憎悪の思い(念)が、愛の思い(念)に出会うと、憎悪の思い(念)は和らぐ。そして、二つの思い(念)の力関係(思いの強さ、念の強さ)で減衰・中和の程度は決まる。たとえば、愛の思い(念)が強いと、憎悪の思い(念)は弱まり消えていく。

逆に、憎悪の思い(念)が強いと、憎悪の思い(念)は弱まりはするが残ったままである。

⑦. 思い(念)・精神エネルギーは、波(波動)の性質がある光と同じように、地球から数10光年も離れた星が爆発して消滅しても、その光は数10光年もの距離を旅して地球に届くように、思い(念)を発した人が亡くなっても消えてしまうことはない。

⑧. 思い(念)・精神エネルギーは、同じ場所で繰り返し発すると、その場所にあたかも記録されたかのように残留して影響を与える。

また、繰り返さなくとも、非常に強い思い(念)は、それを発した場所にあたかも記録されたかのように残留して影響を与える。

悲惨な出来事があった場所とか、昔の悲惨な戦場の跡といった、死者の怨念が今も残っていると言われている場所に行くと、何となく、どんよりとした独特な「空気」というか雰囲気を感じることがあるというのもそのためである。

また、文豪が泊りがけで小説を書いた旅館の同じ部屋に宿泊した人が、何かしら手紙とか日記とか文章を書きたくなったという話があるのもそのためである。

地域特有の雰囲気とか、会社特有の雰囲気があると言われるのもそのためである。その地域の住民の思い（念）の総和、その会社の社員全員の思い（念）の総和の所産である。特に、地域の中心的な人物がいる場合はその人物が、会社では社長・重役が、周囲に大きな影響を及ぼし、それが地域や会社の特有な雰囲気になっていくと言われている。

⑨．悲惨な出来事があった場所とか、昔の悲惨な戦場の跡といった場所の雰囲気も、その場所で「慰霊供養」などを行なうと雰囲気が変わっていくと言われている。

そして、「愛」とか「慰め」とかの思い（念）が強ければ強いほど、また行なう人が多ければ多いほど、その効果は大きいと言われている。

これは、「愛」とか「慰め」とかの思い（念）によって、以前の独特な「空気」・雰囲気の元であった残留した思い（念）が中和し消滅していったためと思われる。

二つ目の「念」は、仏陀ご在世当時から重要な修行法としての意味で使われている。

前述したように、一つ目の「念」は、私達が何気なく日常的に行なっている煩悩（我）を伴った〝想（そう）と行（ぎょう）と識（しき）〟である。

凡夫である私達の精神（心と心の作用）が怒りや憎しみに変化するのは、煩悩（我）が私達の心（意識）の奥底に強固に居座っているからである。

そして、怒りや憎しみは、「現象として現れた煩悩（我）」とも言ったりする。

煩悩（我）が、解脱（輪廻からの解放、ニルバーナ）を妨げている。

解脱を達成するためには、煩悩（我）を全て排除すればよい。

二つ目の「念」は、想（そう）と行（ぎょう）と識（しき）を、煩悩（我）を見究めて、そして排除するために活用する意味で使われている。

そのため、一般的な「念」である一つ目の「念」と区別するために、二つ目の「念」を「正念（しょうねん）」と言ったりもする。

すなわち、一つ目の「念」は〝煩悩（我）を伴った通常の思いという心の働き（心の作用）〟であるのに対して、二つ目の「念」は、煩悩（我）を見究めて、そして排除するために特別に考案された、仏陀の修行法の基盤とでも言うべきもので、〝常に今この瞬間の体験に意識する心の働き（心の作用）〟のことである。

それは、外部からの言動（刺激）によって生じた（反応した）自分の思いや感情や言動と、心の奥底から湧き出てきた記憶や感情によって新たに生じた自分の思いや感情や言動を、常に意識することで、素早くそれに気づいて沈静化し、自分の煩悩（我）に気づく方法である。

自分の煩悩（我）に気づくことが、煩悩（我）を解消するための第一歩となる。

尚、二つ目の「念」である「正念」（マインドフルネス）は、解脱（煩悩の解消）を目指している僧侶

の方々だけではなく、私達ごく普通の一般人にとっても非常に必要である。
いや、むしろ私達一般人の方が、僧侶の方々よりも必要なものであり、大切なものであり、実践すべきものである。

繰り返しになるが、

その理由は、私達一般人は、俗世間(私達自身も含めた多くの人々が、憎しみ・怒り・我欲など多くの煩悩(我)を抱えて活動している生活圏)の中で、自分の力量で生産活動を行わなければ、汗水垂らして働かなければ、食物や衣類などの生活必需品を得ることができない。

すなわち、生活することが出来ない、生きることが出来ないのである。

また、私達一般人が働く会社・職場においては、各人の性格や出身校や経歴などによって、職場内では様々なグループ(派閥)が出来やすく、各人の性格や職場内の人間関係によって、たびたびトラブル(諍い)や誤解が起き易い。

そのように、私達一般人は、生活する(生きていく)ためには、そういったトラブル(諍い)や誤解が起き易い活動空間の中で、汗水垂らして働かなければならないのである。

それに対して、僧侶の方々は、禅宗の一部の寺院など、自分達で畑を耕したりして自給自足の生活を送っている所はあることはあるが、ほとんどの教団の僧侶を始めとする宗教関係者は、お布施(寄付)や会費といった名目の、在家信者(私達一般人)からの贈与(金、物品)によって生活ができている(生活している)。

その返礼ではないけれども、僧侶は先祖供養や在家(私達一般人)の悩み事に耳を傾け、在家(私達一般人）の健康と幸せを祈願し、そして手助けしているのである。

また、寺社や教団施設などの活動空間（職場）内で接する人達は、同じ教義や信仰を持っている信者や宗教関係者がほとんどであり、トラブル（諍い）や誤解は起きにくい。

私達一般人は、働く会社・職場において、怒りや憎しみなどの煩悩を出して、職場の同僚や上司と言い争ったりして人間関係が悪くなったり、場合によっては人間関係が壊れてしまうことは珍しくないのである。

そうなると、極端な場合には、職場が嫌になり自分から辞めてしまったり、会社から解雇されてしまうことにもなりかねない。

そこまで行かなくても、怒りや憎しみのために仕事が手につかなかったり、仕事の能率が低下して生産量や売り上げが大幅に減少してしまうことにもなりかねない。

そうであるからこそ、怒りや憎しみ、すなわち、「現象として現れた煩悩（我）」に早く気づいて、そういったトラブル（不幸な出来事）を未然に防止することが重要なのである。

そのために、マインドフルネス（気付きの瞑想）は、私達一般人の方が、僧侶の方々よりも必要なものであり、大切なものであり、実践すべきものなのである。

私達の通常の思い（心の状態）である〝一つ目の「念」〟は、怒りや憎しみなどの煩悩を出す場合があり、すなわち悪い念（思い）を出す場合があり、トラブル（不幸な出来事）を引き起こす場合があるけれども、〝二つ目の「念」〟はそれらを未然に防止して、**私達の思い(心の状態)を正しい状態に保つのである。**

そのため、一般的な「念」である一つ目の「念」と区別するために、二つ目の「念」を「正念(しょうねん)」と言うのである。

〝一つ目の「念」〟と〝二つ目の「念」〟を図式化すると、次のようになる。

一つ目の「念」：煩悩(我)に影響された私達の通常の思い(心の状態)

受(感受作用)⇓煩悩(我)⇓煩悩(我)に影響された〝想(そう)と行(ぎょう)と識(しき)〟⇓自己中心的な行為⇓自分にも関係者にも不利益や災厄が生じる

二つ目の「念」：煩悩(我)に気づくために考案された特殊な思い(心の状態)
それは、常に自分の思いや言動に注意(意識)するという方法である。
一つ目の「念」と区別するために、「正念(しょうねん)」とも言う。

受(感受作用)⇓煩悩(我)⇓煩悩(我)に影響された〝想(そう)と行(ぎょう)と識(しき)〟⇓自己中心的な行為⇓常に意識して自分の思いや言動に注意する⇓煩悩(我)に影響された〝想(そう)と行(ぎょう)と識(しき)〟に気づく⇓

⇓ 自己中心的な行為に気づいて是正する ⇓ 自分や関係者に不利益や災厄が
生じるのを防ぐ ⇓ そうして、煩悩(我)に気づく

煩悩(我)を排除することで、幸福を呼び寄せ、不幸を遠ざけることができる。

煩悩(我)を排除するために特別に考案された修行法が、仏陀釈尊の修行法すなわち三十七道品である。

ここで、注意しなければならないことがある。

それは、この二つ目の「念」は仏陀の独創(発明、発見)ではないということである。

この二つ目の「念」すなわち「洞察の瞑想」とも言うべきものは、仏陀釈尊の独創(発明、発見)ではなく、仏陀釈尊はこれを修行法(成仏法)に取り入れたに過ぎない。

もっとも、修行法(成仏法)に取り入れたこと自体が、仏陀の偉大さの証明でもある。

仏陀のご在世以前から、インドにおいては実践されていたと考えるのが自然である。

古代インドの賢人(天才)達ならば、これには当然気づいたことであろうし、実際に実践していたものと思われる。

それだけではなく、古代インドの賢人達の弟子達や信者達も実践していたであろうことも容易に推察できる。

おそらく、仏陀ご在世当時、この二つ目の「念」すなわち「洞察の瞑想」とも言うべきものは、当

時の修行者達の間では一般的なものだったと思われる。

当時の修行者達の間では、広く実践されていたと思われる。

その証拠になるものが、ヨガの根本経典の一つである「ヨーガ・スートラ」に記載されている。「ヨーガ・スートラ」は、紀元後4〜5世紀頃にパタンジャリによって編纂されたものだが、様々な群小経典や古代(仏陀が生まれる二千年前)から伝承されてきた行法や教えなどをまとめたものとされている。

例を挙げると、
〔煩悩除去の方法〕
二・一〇　これらの煩悩は、それが潜在、未発の微妙な形態で存在する間は、心の逆転変によって初めて除去することができる。

煩悩の在り方を、潜在意識的な形で存在するものと、すなわち思いや言葉や行動として現れていない場合と、顕在意識の上に心理的な働き(思いや言葉や行動)として現れた場合を述べている。その後に、二・一一などで、思いや言葉や行動として現れた煩悩を除去する方法を簡単ではあるが述べている。

(詳しい説明は、口伝と実地指導で行なわれるのが伝統というか慣わしである。)

その方法としては、瞑想、クンバク(肛門や下腹部を締めて、呼吸を一時止める方法)などが記載されている。

仏陀釈尊は、特別な師匠がいないにも関わらず、一人で解脱を成就(達成)した。これを、「無師独悟」という。

そのご自身の体験から仏陀釈尊は、二つ目の「念」を仏陀の修行法に組み入れて、四念処などの「仏陀の修行法」として確立されたのである。

この二つ目の「念」は、パーリ語のサティとか、英語のマインドフルネスという名称で今や多くの人に広く知られている。

「念」(サティ、マインドフルネス)の意味は、「今、この瞬間の体験に意図的に意識を向け、評価をせずに、とらわれのない状態で、ただ観ること」と説明されることが多い。

八正道における「念」(サティ、マインドフルネス)は、同じ三十七道品の四念処、五根、五力、七覚支などにおける念と同じであり、基本修行、基本概念の一つである。

そして、仏陀の修行法全ての基盤となる〝四念処法〟の特に重要な要素である。

さらに、「念」(サティ、マインドフルネス)単独でも、心身に対して多くの素晴らしい効果が多くの実践者から報告されている。

そのため、「念」(サティ、マインドフルネス)は一つの特化された訓練法として、多くの指導者達によって様々な方法が提案されている。

「念」(サティ、マインドフルネス)という「今、この瞬間の体験に意図的に意識を向け、評価をせずに、とらわれのない状態で、ただ観る」修行法(の要素)は、初期仏教時代の仏陀釈尊の修行法(三十七道品)に導入されたのであるが、それらは必然的に上座部仏教にもそのまま忠実に伝承されたはずである。

時代を経るにつれて、上座部仏教は東南アジアに広まっていき、在家信者はますます多くなっていった。

そして、在家信者への布教や指導の過程で、「念」(サティ、マインドフルネス)は独自に発展し多彩に変化していったと考えられる。

すなわち、初期仏教時代の「念」の活用法と、現在広く普及している「念」の活用法は微妙に異なっており、両者は分けて考えないといけない。

(二) 初期仏教時代の「念」の活用法

仏陀釈尊の修行法(三十七道品)は、煩悩(我)を解消して解脱に導く方法(成仏法)である。煩悩(我)を解消するためには、まず自分の煩悩(我)を見究めなければならない。

その自分の煩悩(我)を見究めるための方法として、「念」(サティ、マインドフルネス)は導入され

て発展したのである。

（二—一）　煩悩（我）を見究めるための方法……四念処法の前半部分

煩悩（我）を見究めるための方法は、四念処（四念住）法に説かれている。四念処（四念住）法は、四つの瞑想法から成り立っている「三十七菩提分法」の一つである。非我観とか空観とか言われ、非我や空を覚るための瞑想法と言われている。

さらに四念処（四念住）法は、これだけでも涅槃に至る（解脱する）ことができる修行法（いわゆる一乗道）とされている。

四つの瞑想法とは、身観（身念住・身念処）、受観（受念住・受念処）、心観（心念住・心念処）、法観（法念住・法念処）である。

「念処経」に、次のように説かれている。

……比丘達、ここに有情の浄化、愁悲の超越、苦慮の消滅、理の到達、涅槃の作証の為に、此の一乗あり、即、四念処なり。四とは何ぞや。

曰く、ここに比丘、身に於いて身を随感し、熱心にして、注意深く、念持してあり、世間に於ける貪憂を除きてあり。

受に於いて受を随感し、熱心にして、注意深く、念持してあり、世間に於ける貪憂を除きてあり。

心に於いて心を随感し、熱心にして、注意深く、念持してあり、世間に於ける貪憂を除きてあり。

法に於いて法を随感し、熱心にして、注意深く、念持してあり、世間に於ける貪憂を除きてあり。

(是の如きを四念処という)

(三－一－一) これまで伝えられてきた「念処経」経典の目的と意味

これまでは、この経典の目的と意味は、次のように理解し伝えられてきた。

四念処(しねんじょ、チャッターロー・サティパッターナー)とは、仏教における悟りのための4種の観想法の総称であり、四念処観(しねんじょかん)、四念住(しねんじゅう)とも言う。釈迦の初期仏教の時代から、悟りに至るための最も中心的かつ最重要な観想法であり、仏教の主な瞑想である止観の内、観(ヴィパッサナー)の中核を成す観想法である。


身を観つづけ、正知をそなえ、気づき(サティ)をそなえ、世における貪欲と憂いを除いて住む。

受を観つづけ、正知をそなえ、気づきをそなえ、世における貪欲と憂いを除いて住む。

心を観つづけ、正知をそなえ、気づきをそなえ、世における貪欲と憂いを除いて住む。

法を観つづけ、正知をそなえ、気づをそなえ、世における貪欲と憂いを除いて住む。


ここでは、実践するのは、実質的には「気づき」であり、「気づき」だけしかない。

これでは、仏陀の修行法としては不十分なのである。

これまで伝えられてきた目的と意味だけでは、仏陀の修行法としては不十分なのである。**何故ならば、最も重要な「解脱に導く方法」すなわち「煩悩(我)を解消する方法」が、ここには欠落しているからである。**

(二—一—二)　初期仏教時代の「念処経」経典の目的と意味

それでは、初期仏教時代の仏陀の修行法としての目的と意味はどういうものかを、これから説明していきたい。

初期仏教時代の仏陀の修行法としての目的は何かと言うと、言うまでもなく、**成仏すなわち煩悩解脱**である。

自分の今の思いが、例えば憎しみや怨みに囚われていると、気づくだけではダメである。「今まさに煩悩(我)が出ているなぁ」と、気づくだけではダメなのである。

煩悩(我)が出ていると気づいた直後に、その煩悩(我)が出ている思い(心)、例えば憎しみや怨みの思いを浄化しないといけない。

煩悩(我)が出ている思いに気づいた直後に、その思いを浄化することで、煩悩(我)は少しずつ解消していくのである。

これを繰り返すことで、成仏すなわち煩悩解脱は達成するのである。

憎しみや怨みの思いは、凄まじいほどの大きな思念エネルギーを出して、さらに心(意識)自体にも深く刻まれていく。

そうであるからこそ、憎しみや怨みの思いと同等以上の大きな思念エネルギーを出して、煩悩(我)を浄化しなければならない。


そういう視点で、「念処経」を詳しく解説したい。


ここで現代語に訳す前に、「念処経」を始めとした「お経」の成り立ちについて考えてみたい。

「念処経」を始めとした「お経」は、基本的には仏陀(お釈迦様)が弟子や信者に説法した内容を記したものである。

その中で特に、「念処経」などの修行法を説法した「お経」は、修行者である弟子を対象に説法した内容を記したものである。

仏陀(お釈迦様)は、相手の教養や理解力(修行段階)に応じて、どんな相手にも理解できるように、分かりやすく例え話を織り込みながら説法された。

おそらく、相手しだいでは、きめ細かく懇切丁寧に話されたことであろう。

そうした仏陀(お釈迦様)の説法は、仏陀の入滅直後、五〇〇人の弟子達が集まって弟子達全員で議論してまとめられた。それが「お経」である。

その「お経」は数百年間は口承のみで伝えられたわけだが、その過程で覚え易いように口ずさみ易いように、韻を踏むなどして音調や語句を美しく整える形になったと思われる。

リズムや節回しを付けて、あたかも歌うような形で伝えられたと思われる。

極端に言えば、「お経」は歌の形で、数百年とか数千年にわたって伝えられたわけである。

21世紀の現代でも、アフリカでは掃除・洗濯・炊事・買物などの家事全般の方法(やり方とか手順)やコツや失敗例などを唄として多くの歌詞で、母から娘へと大昔から代々伝えてきている種族がある。

たとえ文字がなくても、唄という形ならば膨大な量の知識でも正確に代々伝えることができるのである。

現代の歌謡曲の大ベテラン歌手達は、何十年にもわたる歌手生活において、中には数十曲とか百曲以上もの持ち歌があり、1曲あたり3～4番まで歌詞があるので、合計すると数百とか千とかの歌詞を正しく暗唱しているわけである。

優れた作詞家が作る歌詞は、詩や和歌や俳句などと同じように、短い文章の中に多くの内容が芸術性豊かに表現されている。それらの歌詞を正しく暗唱しているわけである。

「古事記」は、大化の改新(乙巳の変)の際に「天皇記」などの歴史書も焼失したために、それに代わるものとして天武天皇(7世紀後半)の命で編纂されたと伝えられている。

神代における天地の始まりから推古天皇の時代(7世紀前半)に至るまでの様々な出来事(神話や伝説なども含む)が記載されている。

「古事記」は、稗田阿礼(ひえだのあれ)が誦習していた「帝皇日継」(天皇の系譜)と「先代旧辞」(古い伝承)を太安万侶(おおのやすまろ)が筆録して、元明天皇の代(8世紀初頭)に完成させたと伝えられている。

稗田阿礼(ひえだのあれ)は、天才的な記憶力の持主であったと伝えられている。

確かにその通りだと思うが、「誦習していた」ということは、一種の唄という形で記憶していたと思われる。

そして「お経」も、一種の唄という形で膨大な量の仏陀の教えが代々伝えられてきたと考えていい。

仏陀(お釈迦様)がどんな相手にも理解できるように詳しく話された内容は、意味が伝わる最小限の文章や言葉に簡潔化されていったと考えられる。

その意味を熟知している仏陀の直弟子や初期の弟子が存命中は、それでも全く支障はなかったが、時代を経るにつれて、その意味を熟知している弟子も少なくなって難解になっていったと思われる。

特に、修行法を説法した「お経」は、修行法の名称は列挙されてはいるが、その詳しい内容についてはあまり記載されていない。

仏陀の直弟子や初期の弟子が存命中は、口承や実地指導で弟子から弟子へと伝えられたと思われるが、時代を経るにつれて、しだいに途切れたり変貌していったものと思われる。

そこでこの「念処経」の内容だが、学問的には字句に沿って厳密に訳さないといけないが、そうすると簡潔な文章のために、かえって内容を詳しく理解することはできない。

ここでは、仏陀がどんな相手にも理解できるように詳しく話された内容であることを念頭に置いて解釈すると、次のようになる。

ここで、「念持」とは、「常に留意すること、常に心に留めること」を言う。

そして、この「念持」すなわち「常に心に留めること」こそ、特に重要なポイントである。いわゆる奥義とも言うべきものである。

「世間」とは、「身体」という意味もあるが、ここでは「普通によく使う世間」の意味である。すなわち、「日常生活における出来事、自分と他の人々との関係で起こる出来事」を言う。

「貪憂」とは、怒り・憎しみ・怨み・羨望・怖れ・妄想・偏見・自己限定などの煩悩(我)を総称して言っている。

「身」とは「身体もしくは自分の行動」を言い、「受」とは「ある出来事に対する自分の感受性」を言い、「心」とは「ある出来事に対する自分の反応、思い」を言い、「法」とは「この世を成り立たせている法則」すなわち「大生命」のことを言う。

(現代語訳)

怒り・憎しみ・怨み・羨望・怖れ・妄想・偏見・自己限定などの煩悩(我)は、他の人々との関係の中で自分自身の心が造り出したものであり、常に自分の心を注意して煩悩(我)に気付き見抜いて、煩悩(我)を消滅するように熱心に努めなければならない。

そこで、煩悩(我)に気付き見抜くためには、常に自分(の心)をあたかも他人を観察するように気をつけて観察することを習慣づけ、日常生活における自分自身の考えや行動が、心の中にある煩悩(我)から出ていないかどうかを見究めていくことが大切である。

そうして、見つけ出した煩悩(我)を、大生命を感じながら大生命の力によって、一つずつ消滅させていく。

という意味である。

ここでは、四念処(四念住)法を、煩悩を消滅させる方法、すなわち心を浄化・強化する方法であると捉えて説明する。

仏陀の教えを踏まえて、出来る限り分かりやすく説明する。

怒り・憎しみ・怨み・羨望・怖れ・妄想・偏見・自己限定などの煩悩(我)は、他の人々との関係の中で自分自身の心が造り出したものであり、それに気付き見抜いた時点で、一時的だが現象(感情として表れた我・煩悩のこと)としては消え去ってしまう性質がある。

しかし、怒りの最中には怒りに翻弄され、怖れの最中には怖れに翻弄されて、自分自身を見失っている。そのため、怒りや怖れは心が造り出した煩悩(我)であることに気付かない。

たとえ気づいて自分自身を取り戻し平静に返っても、しばらくすると再び怒りや怖れに翻弄されてしまいがちである。

その理由は、煩悩(我)の本体が心の奥に頑強に居座っているためである。

怒りや怖れなどの煩悩(我)に翻弄されない方法として、多くの知識人により様々な方法が紹介されている。

1. 自分自身の過去の苦境を思い出すことで、現状はまだ幸せな状況であることに気づくようになり、怒りや怖れなどの煩悩(我)に翻弄されないようになる方法

例えば、大病を患った経験があれば、その当時の苦しかったことを思い出すことで、「そ

の当時に比べれば現状は大したことではない」と思えるようになり、怒りや怖れなどの煩悩(我)が次第に和らぎ消え去っていく方法など

2．自分自身の過去において他人を傷つけたり悲しませたことを思い出すことで、反省と償いの心が呼び覚まされ、相手を理解する余裕が生まれてきて、怒りや怖れなどの煩悩(我)に翻弄されないようになる方法など

3．国民的な芸人である明石家さんま師匠の、「生きてるだけで、丸儲け」と考えることで、しだいに現状に感謝できるようになり、怒りや怖れなどの煩悩(我)に翻弄されないようになる方法など

これらは、現象として現れた怒りや怖れなどの煩悩(我)に翻弄されないようにするための方法である。

それに対して、四念処(四念住)法は、心の奥に居座っている煩悩(我)の本体そのものを消滅させる方法である。そこで、四念処(四念住)法とは、

①．まず最初に、自分の心の中にある煩悩(我)に気付き見抜く。

煩悩(我)に気付き見抜くためには、日頃から自分(の心)を、あたかも他人を観察するように気をつけて観察することを習慣づけ、日常生活における自分自身の考えや行動が、心の中にある煩悩(我)から出ていないかどうかを見究めていくことが必要である。

何故なら、心が煩悩(我)に占有されている限り、考えや行動は煩悩(我)に左右され、適切な判断や行動をとることが出来ないからである。

すなわち、心の中に煩悩(我)がある限り、智慧は充分には働かない。

そのため、誤った判断や行動をとってしまう場合が少なからずある。

その結果、自分が傷つき、周りの人達も傷ついてしまうことが多い。

そして何よりも、心の中に煩悩(我)がある限り、「輪廻」からの解脱は不可能である。

②. 身観(身念住・身念処)　「身体、自分の行動は不浄である」と認識して瞑想する。
例えば、日常生活において、他の人々との関係の中で、つい相手を傷つけたり悲しませたりする。自分の願望(欲望)を達成する際に、自分はそんなつもりではなかったのに、結果的に他の人々を傷つけたり悲しませたりすることがある。

さらに、他の生物(野菜、果物、魚、牛、豚など)を食することなしには生きていることができないことなどを考えることで、「身体、自分の行動は不浄である」と認識していく。

③. 受観(受念住・受念処)　「感受作用は苦である」と認識して瞑想する。
例えば、日常生活において相手の言動を誤解し、相手を傷つけたり悲しませたことを思い出すことで、「感受作用は苦である」と認識していく。

④. 心観(心念住・心念処)　「心は無常である」と認識して瞑想する。

例えば、日常生活での他の人々との関係の中で、心は怒り・憎しみ・怨み・羨望・怖れ・妄想・偏見・自己限定など様々に変化し、そのことで自分が苦しみ相手を傷つけたりすることがある。

このように「心は無常である」と認識していく。

⑤．法観（法念住・法念処）　「法は無我であり、この世の法則である」と認識して瞑想する。

例えば、ボールが台の上に置いてあるとする。永久にその状態にあることはない。時間が経つと、ボールは古くなり、ついには壊れてしまう。またボールを取って投げると、ボールは運動法則通りに放物線を描いて飛んでいく。

この世の全ての物や出来事は、厳格な法則通りに生起し、法則通りに変化し消滅する。同じように、心の中にある煩悩（我）も、法則通りに生起し、法則通りに変化し消滅する。その法に、「煩悩（我）の消滅」の思いを込めて瞑想する。または、瞑想して思いを込める。法とは、「この世を成り立たせている法則、力」すなわち「大生命」のことを表している。

怒りや憎しみ（煩悩）を、ただ消し去ろうと努めるだけでは消すのは難しい。それは、消し去るのではなく表面に出ないように抑えつけているにすぎない。心の奥に押し込めているにすぎない。

一時的には抑えることができても、何かの拍子でまた表面に出てくる。

心の奥に居座っている煩悩（怒りや憎しみ）を消し去るためには、

ステップ1．心の状態（思い）を常に客観的に注意して、煩悩（プログラム）を見究める

ステップ2．煩悩（プログラム）をただ抑え込むのではなく、書き換える

四念処（四念住）法を修することは、ここでいうステップ1とステップ2を修することである。

ステップ1が①に相当し、「煩悩（我）を見究めるための方法……四念処法の前半部分」である。

（二―二）煩悩（我）を浄化するための方法……四念処法の後半部分

「煩悩（我）を浄化するための方法」も、四念処（四念住）法には説かれている。

「煩悩（我）を見究めるための方法」と「煩悩（我）を浄化するための方法」の二つが揃って初めて、「煩悩解脱法すなわち成仏法」なのである。

繰り返しになるが、

自分の今の思いが、例えば憎しみや怨みに囚われていると、気づくだけではダメである。

今まさに煩悩（我）が出ていると、気づくだけではダメなのである。

煩悩（我）が出ていると気づいた直後に、その煩悩（我）が出ている思い（心）、例えば憎しみや怨みの思いを浄化しないといけない。

煩悩(我)が出ている思いに気づいた直後に、その思いを浄化することで、煩悩(我)は少しずつ解消していくのである。

これを繰り返すことで、成仏すなわち煩悩解脱は達成するのである。

ステップ1．心の状態(思い)を常に客観的に注意して、煩悩(プログラム)を見究める。

ステップ2．煩悩(プログラム)をただ抑え込むのではなく、書き換える。
　　　または、煩悩(プログラム)を消去する。

ステップ2が、(二—一—二)の②〜⑤に相当し、
これが、「煩悩(我)を解消するための方法……四念処法の後半部分」である。

(三)　現在広く普及している「念」の活用法

仏陀釈尊が教えを説いた相手は、出家修行者だけではなく、在家信者も多くいた。仏陀釈尊の名がインド各地に知れ渡るにつれて、在家信者も多くなっていった。仏陀釈尊は、出家者(僧侶)に対しては、「解脱」(輪廻を脱した境地、涅槃)を目的に、教えと実践法(修行法)を説いたが、在家者(一般大衆)に対しては、彼らの悩みや苦しみの相談を受けて、それを解決できるように、彼らの理解力に応じて適切な教えと実践法を説いた。

今も昔も在家者（一般大衆）にとって、自分や家族の問題（健康問題や人間関係、仕事や生活、進路などの悩みや苦しみ）は、すぐにでも解決したい目の前の大きな問題（課題）である。

その在家者（一般大衆）の問題（課題）を解決するためには、まず最初に、在家者（一般大衆）の不安や苦しみや悲しみなどで動揺している心（意識）を落ち着かせてから、問題（課題）を解決するための方法・方策を探さなければならない。

在家者（一般大衆）の心（意識）を落ち着かせたり、解決の糸口を得るための実践法が、「念」（マインドフルネス）もしくは「念」（マインドフルネス）を応用したものであると筆者は考えている。

それらもまた、上座部仏教にそのまま伝承されたはずである。

そして時代を経るにつれて、上座部仏教は東南アジアに広まっていき、在家信者はますます多くなっていった。

そして、在家信者への布教や指導の過程で、「念」（サティ、マインドフルネス）は次第に変化し多彩に発展していったと考えられる。

出家修行者ならば普通に実践できる修行も、在家者（一般大衆）にとっては相当むずかしく実践できない場合もあり、その際は在家者（一般大衆）でも実践できるように色々と工夫したものと思われる。

すなわち、在家者（一般大衆）でも実践できるような方法が考案され、それらが現在広く普及している「念」を応用させた修行法に発展したと考えられる。

具体的な方法は、上座部仏教の関係者の著書に詳しく記載されている。

その方法は、一言で表現するならば〝非常にすばらしい〟と言える。

しかし一部分ではあるが、根本的に筆者が提示している仏陀の修行法とは異なっている。その根本的に異なっている部分を、以下の3点に簡単にまとめている。

あくまでも筆者が目にした範囲内という条件付きではあるが、上座部仏教の関係者による書籍などでの解説をみると、以下の3点のどれかに該当している。

（1点目）　四念処(法)は「念」を応用した修行法であるが、四神足(法)も「念」を応用・発展した修行法もしくは四念処(法)の一部(構成要素)であると解説している。

それに対して筆者が提示している四神足(法)は、それらとは全く異なり、気(のエネルギー)を駆使して実践する修行法(瞑想法)である。

実践過程で、気の感知、チャクラの覚醒、クンダリニーの覚醒・上昇、「明星」の発現と「谷響」の発現などを体験する。

（2点目）　四念処(法)や四神足(法)は、阿含経の中で伝えられているが、特に四神足(法)の部分(経典)は自分達の主張に合わない理由なのか、偽経(偽物の経典)だと主張して排斥している。

もしくは、偽経(偽物の経典)ではないが、その内容は四念処(法)を述べたものであると主張している。

それに対して筆者は、阿含経の中の四神足(法)の部分(経典)は、気(のエネルギー)を駆使して実践する内容であると説明しているだけではなく、一つ一つの実践法についても手順書形式で具体的に解説している。

(3点目)「念」はあくまでも、四念処(法)や四神足(法)の重要な基盤(構成要素)として機能しているのに、その「念」をまるで主役のごとく捉えている。

それに対して筆者が提示している四念処(法)や四神足(法)では、「念」はあくまでも重要な基盤(構成要素)である。

以上の3点は、上座部仏教の関係者による書籍などでの解説に基づいている。

上座部仏教では、在家修行者(一般人)と経験の浅い出家修行者(僧侶)は、上座部仏教の関係者による書籍に記載されているような実践(修行)をしているのは確かだろうと思う。

しかし、修行が進んでいる経験豊かな僧侶が実践している高度な修行(秘伝の修行)は、それらとは異なっている可能性がある。

仏陀ご在世の初期仏教から連綿と続いている上座部仏教では、口伝と実地指導で師から弟子へと修行法(実践法)は伝えられているものと思われる。

そうだとすると、その中には気(のエネルギー)を駆使して実践する内容も含まれている可能性はある。

ここで、話を本題に戻したい。

現在広く普及している「念」(サティ、マインドフルネス)単独でも、多くの素晴らしい効果があることは、多くの実践者によって証明されている。

「念」(サティ、マインドフルネス)は上座部仏教に伝承されて、多くの信者がそれを実践し、悩みや苦しみを解決したり、解決の糸口を得ることができたからこそ、今や世界中に広まっているのである。

「念」(サティ、マインドフルネス)の効果としては、

①　精神的なストレスが解消されて、気持が晴れやかに爽快になる。

②　交感神経と副交感神経のバランスが整い、心身のストレスが解消されて、よく眠れるようになり、肉体の異常(病気など)が快方へと向かう。

③　思考が整理され、集中力が高まり、洞察力や直観力や創造力が高まって、仕事や勉強が向上する。

④　心身のストレスが解消されることで、身体能力が発揮され、スポーツにおける記録などが向上する。

などが挙げられる。

四念処法の「煩悩(我)を見究めるための方法」(ステップ1)と「煩悩(我)を解消するための方法」(ステップ2)の解説は、第六章と第七章に詳しく述べている。

まずはその前に、私達が生きていく上で決して無関係ではありえない、「あの世(死後の世界)」、「霊魂(霊的存在)」、「心(意識)」、「輪廻」について、第三章～第五章で詳しく検討してみたい。

第三章　「ゼロ・ポイント・フィールド仮説」による「死後の世界は存在しない」説

第三章　「ゼロ・ポイント・フィールド仮説」による「死後の世界は存在しない」説

大昔から、老若男女を問わずほとんどの人が一度は疑問に持ち、そして宗教家や学者や有識者などによって議論され考察されてきたテーマの一つに、「死後の世界は存在するのか？」というのがある。

科学者である多摩大学名誉教授の田坂広志先生の著書の中に、「死は存在しない」(副題：最先端量子科学が示す新たな仮説)という意欲作がある。

この本は、「死後の世界は存在するのか？」というテーマについて、田坂先生が現代科学の最先端、量子物理学の「ゼロ・ポイント・フィールド仮説」と呼ばれる一つの興味深い仮説をベースに、精力を傾けて考察した結果をまとめたものである。

惜しむらくは、ご自身の不思議な体験は参考にしてはいるが、瞑想などの修行体験での知識ではなく、主に有名な科学者の科学研究結果(知識)などをもとにしており、科学にかなり偏重した知見になっている。

まずは、「死後の世界」に関する、宗教・科学・医学(臨死体験)の三つの視点からの「死後の世界」の存在論について、田坂先生の著書を参考にしながら解説したい。

（一）「科学」と「宗教」と「医学的な臨床観察」の三つの視点からの「死後の世界」の存在論

（一―一）「科学」からの視点

「科学」は、「死後の世界」の存在を、昔から否定してきたし今も否定している。

具体的には、我々の意識(心)は、肉体の一部である脳の活動にすぎないとしている。

この肉体が生命活動を終えれば、すなわち死んでしまえば、それに伴って、脳も機能を停止し、我々の意識(心)も消え去って、全てが「無」に帰するとして、「死後の世界」の存在を否定してきた。

ただし、科学者の中には、「死後の世界」が存在するかどうかは分らないとして否定も肯定もしない学者や、もしかしたら「死後の世界」はあるかもしれないと心情的には信じている学者もいる。

（一―二）「宗教」からの視点

「宗教」は、「死後の世界」の存在を、肯定してきた。

具体的には、この肉体が生命活動を終えれば、我々の意識(心)は、「死後の世界」である「天国と地獄」とか「極楽浄土と地獄」に行くとして、「死後の世界」の存在を肯定してきた。

例えば、

・「死後の世界」を語った『チベット　死者の書』
・同じく「死後の世界」を語った『エジプト　死者の書』
・キリスト教の「天国と地獄」の教え
・大乗仏教の「極楽浄土と地獄」の教え
・イスラム教の「天国と地獄」の教え

さらに、この肉体が生命活動を終えると、霊魂が肉体から抜け出し、一定期間は、「この世」と「死後の世界」の中間の状態にとどまることがあり、その状態がいわゆる幽霊とか不成仏霊として目撃される状態であるとしている。

(一―三)「医学的な臨床観察」からの視点

「臨床観察の報告」は、「死後の世界」の可能性を示唆している。

具体的には、死に瀕して生還した患者が、意識の回復後、意識(心)が自分の肉体から離れて天井近くにあり、そこから自分の肉体を見下ろしていたという「幽体離脱」の体験、または自分の肉体にすがり付いて自分が死んでしまったとして泣き悲しんでいる家族をその横で眺めていたという体験、そのほか、すでに亡くなっていた肉親に再会したという体験とか、初めて会った人が自分が生まれる前に既に亡くなっていた祖父母や肉親だったという体験など、数多くの「不思議な体験」を報告したものである。

（二）「死後の世界」に関する三つの視点への疑問

（二―一）「科学」からの視点への疑問

「科学的な視点」からの「死後の世界」に関する意見や書物は、死後は我々の意識(心)も消え去って、全てが「無」に帰するとして、「死後の世界」の存在を否定してきた。

けれども、「医学的な臨床観察」からの数多くの報告である「不思議な体験」については、単なる「錯覚」とか「幻覚」とか「幻想」とか「脳神経の誤作用」などと簡単に説明しているが、なぜそうした「不思議な体験」が起こるのかについては、科学的な究明や説明がない。

「不思議な体験」とは、誰もが一つや二つは持っているもので、代表的なものでは、次のような「意識(心)の不思議な現象」である。

①　視線感応

「視線感応」とは、日常生活の中で、ふと、誰かの視線を感じ、その方を見ると、実際に他人が自分を凝視していたという体験である。

②　以心伝心

「以心伝心」とは、日常生活の中で、人間同士が、言葉を交わさないのに、相手の考えていることが分かったり、同じ事を考えていたという体験である。

例えば、気心が知れた夫婦や親子や兄弟姉妹の間では、言葉を交わさないのに、相手の考えていることが分かるという体験である。

特に、双子の兄弟姉妹の間では、この「以心伝心」が頻繁に起こり、同じ行動を同時に行なうこともよく知られている。

③　予感

「予感」とは、日常生活の中で、突然、良い事や悪い事がこれから起こることを、事前に感じ取るという体験である。

例えば、自分が約束を守らずに相手を傷つけた場合、「自分や家族に、何か悪いことが起こらなければいいが。」とか、「少しは罪悪感があるが、今まで何も起こらなかったので、このまま無視しよう。」と思った数か月後とか、数年後に、自分が行なった行為(原因)の報い(結果)であると思われるような災厄に実際見舞われることになったという体験である。

特にギャンブルをよく行なう人は、こういう「予感」と思われるような体験が多いという。

例えば、パチンコ店に入り、店内で、これから行なうパチンコ台を探していると、普段感じたことがないほど気掛かりな台があったので、その台で行なったところ、すぐに大儲けしたという体験など。

④　予知

「予知」とは、「予感」よりも明確かつ具体的に未来の出来事を、事前に感じ取るという体験である。

⑤　占い的中

「占い的中」とは、易者や占い師に占ってもらったり、自分自身で占った未来予測が、正にピタリと当たったという体験である。

⑥　既視感（デジャヴュ）

「既視感（デジャヴュ）」とは、見知らぬ土地（場所）に行った時に、「この風景と同じ風景を、過去に見たことがある。」とか、日常の出来事や光景を見た時に、「この光景と同じ光景を、過去に見たことがある。」という体験である。

⑦　シンクロニシティ（共時性）

スイスの心理学者であるカール・グスタフ・ユングが提唱した概念のことである。何か行動を起こそうとしたら、たまたまそれに関する出来事が自分の周りで起きる現象を言う。

例えば、会話の中で誰かのことが話題になると、丁度、その人が現れたり、その人から電話がかかってくるという体験である。

そのほか、ある問題で悩んでいると、たまたま喫茶店で、近くの席に座っていた客同士が、自分が悩んでいる問題をテーマにした話をしており、その話の中に問題解決のヒントを見つけることが出来たなどという体験である。

（二—二）「宗教」からの視点への疑問

「宗教的な視点」からの意見や書物は、「死後の世界」が存在することを明確に主張し、それを信じることを人々に求めて、さらに信仰を勧めるけれども、「死後の世界」がなぜ存在するのか、どのように存在するのかについては、納得できる説明がない。

（二—三）「医学的な臨床観察」からの視点への疑問

「医学的な視点」からの文献は、「死後の世界」の可能性を認め、できるだけ科学的な客観性を持って「不思議な体験」を報告しているが、なぜそうした「不思議な体験」が起こるのかについては説明できていない。

（三）「科学」の三つの限界

「科学」と「宗教」と「医学的な臨床観察」の三つの視点からの「死後の世界」の存在論を述べた

が、多くの人々はやはり半信半疑であると思われる。

もしかすると、かなりの多くの人々は、「死後の世界」も「神仏の存在」も、表面上は否定していたとしても、心の奥底では多少は信じているのではないかと思われる。

その理由は、多くの人々は墓参りをするし、神社・仏閣にお参りして健康回復や受験合格などのお願い事(祈願)をするからである。


多くの人々が、「死後の世界」や「神仏の存在」を表面上は否定するのは、現代においては、「科学」と異なる意見を言うと、「非科学的で迷信的な人物」として周囲の人達から異端視される場合を恐れているからだと思われる。

なぜならば、「科学」は人々の生命と健康を守り、生活を便利で快適にする数多くの素晴らしい発明や発見を成し遂げてきたからである。

現代においては、宗教を敬遠し科学を信奉する人達が実に多い。

そのため、「〝科学〟は、〝非宗教〟であるが、今や大きな宗教である。」と言うことができるかと思う。


「科学」は、「唯物論的科学」であるために、意識(心)というものの本質を明確に説明できない。現代の科学は、この世界の本質を「物質」としている。

そのため、「生命」も「意識(心)」も、「物質(肉体)」が起こす物理的・化学的な相互作用によって生まれたものであるという「唯物論」の立場に立っているからである。

すなわち、「意識(心)」は、人体の「脳」の「神経細胞」が起こす化学的・電気的な相互作用によって生じるという説明をしている。

その結果、死んで「肉体」が機能しなくなれば、「意識(心)」はなくなり「無」に帰してしまう。

従って、「死後の世界」はないとして、「死後の世界」の存在を否定してきた。

その「科学」には、科学の本質から切り離せない三つの限界が存在する。

(三―一)「科学」の限界(その一)

「科学」の限界(その一)は、「唯物論的科学」であるために、「要素還元主義」であり、「要素還元主義」では対象の性質が分からない事例があることである。

その前に、「要素還元主義」から説明したい。

「要素還元主義」とは、ある対象の性質を理解するためには、最初にその対象を小さな要素に分解し、次いで、それぞれの要素を詳細に分析し、最後に、分析結果を総合することで、対象の性質がすべて解明できる。という考え方である。

「方法序説」を著した17世紀のフランスの哲学者、ルネ・デカルト以来、永年、科学は「要素還元主義」に立脚してきた。

しかし、近年、「要素還元主義」の限界が明らかになり、それを超える科学的手法として、「複雑系科学」が注目されるようになった。

この「複雑系科学」とは、「要素還元主義」への根本的批判として生まれたものであり、「物事が複雑になっていくと、新たな性質を獲得するために、要素還元主義でも対象の性質を正しく理解することはできない。」という立場に立った科学である。

一つの例を挙げれば、水の性質を理解しようとして、その水分子を取り出しても、水の性質は消えてしまって分からない。

水分子の性質を理解しようとして、水分子の要素である水素原子2個と酸素原子1個に分解して取り出しても、水分子の性質は分からない。

同様に、「意識(心)」の本質を知ろうとして、脳を解剖して神経細胞を詳細に調べても、決して「意識(心)」の本質を知ることはできないのである。

(三―二)「科学」の限界（その二）

「科学」の限界(その二)は、「物質消滅」という限界である。


唯物論的科学は、世界のすべては「物質」の性質から説明できるとする立場に立つが、現代の最先端科学、特に量子科学の世界を究めていくと、その「物質」そのものが、「確固として存在するものではなく、非常に不確かな存在である」ことが明らかになっている。

実際、日常感覚で見るならば、「物質」とは、見ることも触ることもできるものであり、目の前に明確に存在し、質量・重量を持ち、物質がある場所(位置)も分かるものである。

ところが、原子よりもはるかに小さな「素粒子」レベルの極微の世界では、そうした日常感覚で捉える「物質」という存在は消えていく。

その象徴的な例が、素粒子の一つである「光子」が示す「粒子と波動の二重性」である。

これは、量子科学の解説本では必ずと言ってもいいほど紹介されている性質であるが、光の実体すなわち「光子」は、観察の方法によって、「粒子」の性質を示す時もあれば、「波動」の性質を示す時もあると言うのである。

すなわち、「光子」を「極微の粒子(物質)」であると考えても、実際には、「波動」としての性質を示し、「物質」として、その位置を測定(特定)することはできないのである。

これは、量子科学の創成期に、アルベルト・アインシュタインやベルナー・ハイゼンベルクを始めとする多くの科学者を悩ませた「粒子と波動の二重性」の問題であり、現在も、量子科学の根本的な「パラドックス」と呼ばれているものである。

また、アインシュタインが提唱した「相対性理論」において、**「E=m×C×C」**という方程式が示されるが、これは、「m」という質量を持った「物質」が「m×C×C」という「エネルギー」に変換されることを示した方程式である。

すなわち、目の前に存在する「物質」は、それがどんなに強固な存在であっても、それは、究極なところ、「エネルギーの固まり」に他ならないのである。

このことを象徴的に示すのが、原子爆弾であり原子力発電である。

さらに、量子科学においては、日常感覚では何も存在しないと考えられている「真空」は、実は「無」ではないとされている。

「量子真空」と呼ばれるものであり、莫大なエネルギーが潜む場である。

その中から、素粒子が生まれては、消えていく場である。

これが、現代の科学が直面する「物質消滅」という「科学」の限界(その二)である。

(三―三)「科学」の限界(その三)

「科学」の限界(その三)は、「説明不能」という限界である。

それは、現代の科学には、「なぜ、そうしたことが起こるのかを、説明できない。」という問題が、数多くあるのである。

ここでは、四つの事例を挙げる。

・第一の事例は、**「量子の絡み合いと非局在性」**
これは、一度絡み合った量子同士は、宇宙のはるか彼方に引き離されても、一方が、ある状態を示すと、もう一方は、瞬時に、その反対の状態を示すという不思議な性質である。

これは、光の速さよりも速く情報が伝達されることになり、アインシュタインの相対性理論に反することになるが、この「非局在性」と呼ばれる量子の性質を、現代の科学は説明できないのである。

・第二の事例は、**「ダーウィニズムの限界」**

これは、生物の進化は、すべて、突然変異と自然淘汰によって起こるとするダーウィンの理論では、人間のように高度で複雑な生命が誕生するためには、地球の年齢の46億年をはるかに超える年月が必要になるため、現実に、この地球上に人類が存在(誕生)している謎を、現代の科学は説明できないのである。

・第三の事例は、**「生物の帰巣能力の謎」**

例えば、河川で卵から孵化した鮭の稚魚は、河川から海に入り、遠く離れた外洋で何年か過ごした後に、生まれ故郷の河川に戻って産卵する。

また、鳩の帰巣能力や渡り鳥の方向認識能力の高さは良く知られており、蟻もまた、かなり離れた場所から正確に巣に戻る。こうした生物の帰巣能力の謎を、現代の科学は説明できないのである。

・第四の事例は、**「神経の伝達速度と反射運動の謎」**

例えば、野球において、投手が投げた時速一六〇キロの球を、打者は打ち返しているが、打者の視神経が球を捉え、脳神経に伝えて筋肉を動かすというプロセスでは、神経の伝達速度よりも球速の方が速いので、理論的には、打者は打ち返すことができない。なぜ、打者は打ち返すことができるのかという謎を、現代の科学は説明できないのである。

以上述べたように、現代の科学は、解明できない「謎」を数多く抱えている。
実は、「死後の世界」の存在も、現代の科学が解明できない「謎」の一つなのである。
「科学」は、「死後の世界」の存在を説明できないで、否定しているのである。

(四)「ゼロ・ポイント・フィールド仮説」による「死後の世界」の考察

・田坂先生がご自身の著書において、現代科学の最先端の量子物理学の「ゼロ・ポイント・フィールド仮説」を踏まえて、「死後の世界」を考察されている。その結論は、科学的視点から「死後の世界はない」というものである。

・それに対して、筆者は、「ゼロ・ポイント・フィールド仮説」を踏まえて、さらに瞑想体験で得た知識などを加味して、「死後の世界」を考察している。その結論は、「死後の世界はある」というものである。

(四―一)「ゼロ・ポイント・フィールド」とそれをキーワードにした「意識(心)」の解説

その前に、再度、ゼロ・ポイント・フィールドについて解説したい。

（四—一—一）「ゼロ・ポイント・フィールド仮説」の解説

ゼロ・ポイント・フィールドには、この宇宙で起こった全ての情報が記録されている。

・量子真空から、この宇宙が誕生したこと。
・この宇宙の中で銀河系宇宙が生まれ、銀河系宇宙の中で太陽という恒星が生成され、太陽の周りに地球という惑星が誕生したこと。
・地球の上で生命が発生し、その生命が進化して人類が誕生したこと。
・その人類の歴史の中でローマ帝国が興亡したことや、極東アジアに日本という国が興り、日本において様々な抗争や多くの政権の興亡が現代まで繰り広げられていること。
・この日本という国に私達が生まれ、それぞれの人生を歩んできたこと。
・私達は、人生において、何かを経験し、何かを考え、思い、感じて生活してきたこと。

これらの全ての情報が、ゼロ・ポイント・フィールドには記録されている。

（四—一—二）「ゼロ・ポイント・フィールド」をキーワードにした「私達の意識（心）」の解説

これまで多くの宗教家や有識者達によって唱えられていた「私達の意識（心）」について、「ゼロ・ポイント・フィールド」をキーワードにして解説したい。

私達の意識(心)についての解説

私達の意識(心)が「ゼロ・ポイント・フィールド」につながると言っても、私達の表層意識が「ゼロ・ポイント・フィールド」に直接つながるのではない。

私達の意識(心)は、大きく分けて五つの「階層構造」になっている。

①　第一の階層は、「表層意識」(表面意識)である。

日常生活において、考えたり、悩んだり、喜んだり、憎んだりするなどの、「喜怒哀楽」の意識(心)である。

第一章で説明した〝一つ目の「念」〟の階層である。

一つ目の「念」は、私達の通常の〝思いという心の働き(心の作用)〟であり、すなわち煩悩(我)を伴った〝今この瞬間の思い(心の状態)〟のことを指している。

②　第二の階層は、「潜在意識」である。

私達の意識(心)を、二つの「階層構造」に分ける場合は、「表層意識」と「潜在意識」に分けるが、ここでは、その「潜在意識」をさらに四つに分けて、その中で「表層意識」に最も近い意識を、第二の階層である「潜在意識」と呼ぶ。

この「潜在意識」の領域では、「ゼロ・ポイント・フィールド」に通じやすく、そのために、「ゼロ・ポイント・フィールド」を通じて、「類似の情報」を引き寄せる。

この領域に「ネガティブ(マイナス)の想念(思い)」があると、「ネガティブな情報(思い)」を引き寄せ、そのため、「ネガティブな出来事やネガティブな考え(思い)を持つ人達」を引き寄せ、その結果、「悪い出来事や悪い環境」が現実化してしまう。

逆に、この領域に「ポジティブ(プラス)の想念(思い)」があると、「ポジティブな情報(思い)」を引き寄せ、「ポジティブな出来事やポジティブな考え(思い)を持つ人達」を引き寄せ、その結果、「良い出来事や良い環境」が現実化してしまう。

この「潜在意識」の領域では、「引き寄せの法則」によって、「シンクロニシティ」や「不思議な直観」などの現象が起こる。

③ 第三の階層は、「深層意識」である。

「深層意識」は、「潜在意識」よりも深い意識の領域である。

そのために、「深層意識」の領域では、「潜在意識」よりも「ゼロ・ポイント・フィールド」に通じやすく、「ゼロ・ポイント・フィールド」を通じて、「類似の情報」を多く引き寄せる。

そして、「ネガティブ(マイナス)の想念(思い)」が「深層意識」にあると、「ネガティブな情報(思い)」と「ネガティブな出来事やネガティブな考え(思い)を持つ人達」をより多く引き寄せるので、「悪い出来事や悪い環境」がより早く現実化してしまう。

逆に、この領域に「ポジティブ(プラス)の想念(思い)」があると、「ポジティブな情報(思い)」と「ポジティブな出来事やポジティブな考え(思い)を持つ人達」をより多く引き寄せせるので、「良い出来事や良い環境」が速やかに現実化してしまう。

この「深層意識」の領域では、「引き寄せの法則」によって、より多くの「シンクロニシティ」や「不思議な直観」などの現象が起こる。

尚、深層意識の領域に、私達の煩悩(我)は存在して(刻印されて)いる。

④

第四の階層は、「集合的無意識」(超個的意識)と呼ばれている領域である。

「深層意識」のさらに奥深い領域に、「ゼロ・ポイント・フィールド」を通じて、全ての人が互いにつながった世界(領域)があり、この世界(領域)を「集合的無意識」(超個的意識)と呼んでいる。

この「集合的無意識」の世界では、「シンクロニシティ」や「不思議な直観」はもとより、「以心伝心」など、私達の心(意識)が繋がったように思える現象が頻繁に起こる。

そこでの心(意識)は、一人一人の「自我」を超えた「超我」とも言うべき自己が現れている。

⑤

第五の階層は、「超時空的無意識」の世界(領域)である。

私達の心(意識)が「ゼロ・ポイント・フィールド」を通じて互いに繋がった「集合的無意識」(超個的意識)の状態をさらに超えて、私達の心(意識)が「ゼロ・ポイント・フィールド」と一体化した意識の世界である。

そこでは、「ゼロ・ポイント・フィールド」に存在する「過去と現在の出来事の全ての情報」や「未来に予定されている出来事の全ての情報」を知ることができる。

それは、宗教では「神」とか「大日如来」などと呼び、宗教とは一線を画している知識人からは「宇宙法則」とか「真理」とか「宇宙意識」とか「大生命」などと呼ばれている世界とまさに同じ世界(領域)である。

私達は誰でも、第一の階層から第三の階層までは、部分的には通じることができる。

・自分の思いを落ち着かせ、自分の思いをなくすようにすると、第三の階層まで部分的には通じることができる。

・また、「今、この瞬間の体験に意図的に意識を向け、評価をせずに、とらわれのない状態で、ただ観る」瞑想である「マインドフルネス(瞑想)」の時も、熟練すると第三の階層まで通じる。

さらに、煩悩(我)が減少していくと、第四の階層まで通じることができるし、「懺悔」や「祈り」の時に、真剣さの度合いによっては、第四の階層まで通じることができる。

・「懺悔」の時、「誰かに罪の赦しを乞う」時の意識(心)も、真剣さの度合いによっては、第三の階層はおろか第四の階層までも通じることができるのである。

・また、「祈り」の時の意識(心)も、真剣さに応じて、第三の階層はおろか第四の階層まで通じることができる。

（四―二）「死後の世界はない」という「科学の視点」からの「前世の記憶」の説明

「前世の記憶」というのは、生まれてから物心がついた二歳から八歳くらいまでの子供が、突如、「自分は、過去に死んだ別の誰かの生まれ変わりである。」と、言い始める現象である。

その「前世の自分」は、どこで生まれ、その両親・兄弟・姉妹のもとで、どのように育ち、どのような生活を送り、どのような職業につき、さらに結婚して、どのような家族を持ち、どのように死んだかを、次々に具体的に語るという現象である。

その子供が語る内容で、出てくる地域の名称、木々の名称、乗り物の名称、いろいろな部材の名称など、二歳から八歳の子供が知る由もない名称までも次々に語るという現象である。

しかも、それを聞いた両親が、実際に、その子供が前世で生きていたと語る地域を訪れて調べてみると、実際に、そうした人生を送った人物が存在しており、その子供が語ったその町の風景も、その子供は決して見たことがないにもかかわらず、見事に実際と一致していた、といったことが報告されている。

こうした事例は、世界中に数多くあり、そうした事例を客観的にまとめた有名な書籍に、

・イアン・スティーブンソンの「前世を記憶する子供たち」
・彼の後継者であるジム・タッカー教授の「リターン・トゥ・ライフ」

などがある。

そして、こうした事例は、「転生」や「生まれ変わり」の明確な証拠として語られてきた。

それに対して、「死後の世界はない」という「科学の視点」からの反論（説明）がある。

その反論(説明)とは、

これらの子供たちは、何らかの理由で、その意識が「ゼロ・ポイント・フィールド」に繋がり、そこに記録されている、ある過去の人物の情報を語っているに過ぎないというものである。

その証拠として、これらの子供たちは、皆、成長するにつれて、そうしたことを語らなくなるという説明である。

実は、ここで証拠として挙げられている、

「これらの子供たちは、皆、成長するにつれて、そうしたことを語らなくなる」は、実は証拠でも何でもない。ごく普通のことであり、当たり前のことである。

子供たちが、皆、成長するにつれて、そうしたことを語らなくなるのは当然なことなのである。

その理由は、誰でも幼児期においては、表層意識と潜在意識を隔てている「抗暗示障壁」がまだ出来上がっていない。

そのため、表層意識に近い潜在意識に前世の記憶が残存しているならば、表層意識で認識することが出来るので、前世の記憶を語ることができる。

しかし、成長するにつれて「抗暗示障壁」が出来上がってくるので、表層意識では認識できなくなり、そのために成長するにつれて、そうしたことを語らなくなるのである。

（四―三）「死後の世界はない」という「科学の視点」からの「死者との交信」（霊媒）の説明

「死者との交信」（霊媒）というのは、特殊な精神状態に入ることによって、すでに亡くなった人物を呼び出し、遺された家族（遺族）との会話をさせることであり、それができる人物を霊媒者と呼ぶ。

「呼び出した故人」は、霊媒者の口を通して語る。

実際、優れた霊媒者は、「呼び出した故人」に、本人と遺された家族（遺族）しか知らない生前の生活などを詳しく語らせる。

その際の言葉づかいや仕草なども、その故人にそっくりであるために、「死後の世界」が存在することの明確な証拠として語られてきた。

それに対して、「死後の世界はない」という「科学の視点」からの反論（説明）がある。

その反論（説明）とは、

霊媒者は、その意識が「ゼロ・ポイント・フィールド」に繋がる能力の高い人物であり、そこに記録されている、故人の情報を語っているに過ぎないというものである。

（四―四）「死後の世界はない」という「科学の視点」からの「背後霊」の説明

「背後霊」（守護霊）というのは、すでに亡くなった人物（生前に積徳に励んだ先祖、または先祖ではないが世のため人のために尽くした高徳な故人)が、霊界(死後の世界)から常時、一人の人物に情報を与えたり、支えたり手助けしているとされている。

それに対して、「死後の世界はない」という「科学の視点」からの反論(説明)がある。

その反論(説明)とは、

当人(一人の人物)自体が、「ゼロ・ポイント・フィールド」に繋がる能力の高い人物であり、そこに記録されている様々な情報を入手しているに過ぎないというものである。

その情報によって、望みや計画を成就したり、自分自身の直面している問題を解決したり、今後予想される危険を避けているに過ぎないというものである。

(四―五)「死後の世界はない」という「科学の視点」からの「死後の世界」の考察(説明)

一般的に言われている「死後の世界」は、肉体を抜け出した意識(霊魂)の世界を言う。

そこには、地獄から天国(極楽)を始めとした様々な世界があり、私達の生前の行ない(行為)に応じて、死んだら誰でもが、どれかの「死後の世界」に行くと伝えられてきた。

そして、一神教以外の多くの宗教では、「死後の世界」に一定期間過ごした後に、再びこの世(現実世界)に生まれ変わると伝えられてきた。

それに対して、「死後の世界はない」という「科学の視点」からの反論(説明)がある。

その反論(説明)とは、

そうした一般的に言われている「死後の世界」はないと反論(説明)している。死んだら誰でもが、「無」になると説明している。

ただし、単なる「無」ではなく、私達は全て「ゼロ・ポイント・フィールド」に「情報」として「記録」され、しかも、「ゼロ・ポイント・フィールド」に記録された「他の人々の情報」や「この宇宙に関する全ての情報」などと相互作用し変化し続けるのではないか、という仮説も成り立つと説明している。

「死後の世界はない」が、しかし、私達は全て「ゼロ・ポイント・フィールド」に「情報」として永遠に変化し続けるということは、言葉を変えると、私達は「情報」として、永遠に生き続けることであると考察(説明)している。

以上述べたように、「死後の世界はない」という「科学の視点」からの「死後の世界」の結論は、「死後の世界はないが、しかし、私達は全てゼロ・ポイント・フィールドに情報として永遠に生き続ける」というものである。

それに対して、

筆者が、「ゼロ・ポイント・フィールド仮説」を踏まえて、さらに瞑想体験などで得た知識を加味して、「死後の世界」を考察した結論は、「死後の世界はある」というものである。

それでは、次の第四章で詳しく述べたい。

第四章　「ゼロ・ポイント・フィールド仮説」を踏まえた「死後の世界は存在する」説

第四章　「ゼロ・ポイント・フィールド仮説」を踏まえた「死後の世界は存在する」説

筆者も含めて多くの人達が信じている「死後の世界は存在する」説について、量子物理学の「ゼロ・ポイント・フィールド仮説」に基づいて説明してみたい。

さらに、「ゼロ・ポイント・フィールド仮説」に基づいて、意識(心)についても、同じく説明してみたい。

その前に、第三章で説明した量子物理学の「ゼロ・ポイント・フィールド仮説」を、田坂広志先生の著書を参考にして、もう少し詳しく解説する。

(一)「ゼロ・ポイント・フィールド仮説」

「ゼロ・ポイント・フィールド仮説」とは、宇宙に普遍的に存在する「量子真空」の中に、「ゼロ・ポイント・フィールド」と呼ばれる場があり、この場に、宇宙の全ての出来事の全ての情報が記録

されているという仮説である。

この宇宙には**「量子真空」**というものが存在し、**「ゼロ・ポイント・エネルギー」**で満たされていることは、現在、科学的事実として認められている。

・現代の最先端宇宙論では、一三八億年前に宇宙が誕生したという。

・宇宙の誕生以前は、「真空」だけがあったという。

・この「真空」を、「量子真空」と呼ぶ。

・この「量子真空」が、ある時、ふと「ゆらぎ」を起こした。

・その瞬間、「量子真空」が、極微小の「宇宙」を生み出し、それが、急激に膨張し始めた。このプロセスを論じた科学理論が、佐藤勝彦博士やアラン・グース博士らが提唱する**「インフレーション宇宙論」**である。

・そして、その直後、この宇宙の萌芽が、大爆発(ビッグバン)を起こし、現在の宇宙が誕生した。このプロセスを論じた科学理論が、ジョージ・ガモフ博士らによって提唱された**「ビッグバン宇宙論」**と呼ばれるものである。

・ビッグバンを起こしたこの宇宙は、光の速さで膨張を続け、一三八億年かけて、現在の壮大な広がりを持つ宇宙になった。

・そして、太陽という恒星が生まれ、太陽の惑星の一つである地球に、様々な生物が生まれ、豊かな生態系が生まれ、そして、我々人類が生まれた。

このように、この宇宙は、この宇宙の森羅万象の全ては、「量子真空」から生まれたのである。

すなわち、「量子真空」の中には、この宇宙を生み出せるほどの莫大なエネルギーが潜んでいるということに他ならない。

私達の「真空」を「無」と考える一般常識からすると、理解しがたいことであろう。

そして、この「量子真空」は、いまも、我々の身の回りは勿論のこと、宇宙の全ての場所に、普遍に存在している。

ここまでは、現代の科学が認める「事実」である。

そして、ここから先が、現代の最先端科学が示している「仮説」である。

その「仮説」が「ゼロ・ポイント・フィールド仮説」である。

それは、宇宙の全ての場所に普遍に存在している「量子真空」の中に「ゼロ・ポイント・フィールド」と呼ばれる場があり、この場に、宇宙の全ての出来事の情報が、「波動情報」として「ホログラム原理」で「記録」されているという仮説なのである。

それでは、なぜ、「量子真空」の中の「ゼロ・ポイント・フィールド」に、宇宙の全ての出来事の情報が記録されているのかという理由は、量子物理学的に見ると、この世界の全ては「波動」だからである。

すなわち、量子物理学的に見るならば、私達が「物質」と思っているものの実体は、全て、「エネルギー」であり、「波動」に他ならず、それを「質量や重量を持った物質」とか「固い物体」と感じるのは、実は、私達の日常感覚がもたらす「錯覚」にすぎない。

このことは、「目に見える物質」だけではなく、「目に見えない意識(心)」も、その本質はエネルギーであり、波動なのである。全て「波動エネルギー」なのである。

心(意識)に思い(念)が生じると、大脳から思い(念)という精神エネルギーが波のように放出され、思い(念)・気持の強さに応じて、周囲へと、遠くへと広がり伝わっていくのである。

そして、この宇宙の「全ての出来事」、例えば銀河系宇宙の生成であろうが、地球という惑星の誕生であろうが、ローマ帝国の興亡であろうが、第二次世界大戦であろうが、私達が誕生してから今までに行なった全ての行為や今までに思った全ての思い(念)であろうが、その本質は、量子物理学的に見るならば、全て「波動エネルギー」なのである。

それゆえ、「量子真空」の中の「ゼロ・ポイント・フィールド」が、この宇宙の「全ての出来事」を「波動情報」として記録しているという仮説は、決して荒唐無稽な理論ではなく、説得力のある理論だと言える。

ここで、**「波動エネルギーを波動情報として記録する」**という意味を、分かり易い例えで説明すると、例えば、静かな湖面の上を吹きわたる風を想像して頂きたい。

この場合、風は「空気の波動」であり、それが、湖面に「水の波動」である波を生み出す。

このことを言葉を変えれば、「風」という波動エネルギーが、「湖面の波」という波動エネルギーの情報に変換して「記録」されるということである。

これが、現実世界(湖面の上)での「出来事」(湖面の上を吹きわたる風)を、「ゼロ・ポイント・フィールド」(湖面)が、「波動情報」(湖面の波)として記録することのイメージである。

ただし、現実の風や湖面では「波動エネルギー」は減衰してしまい、時間が経てば消えてしまう。

しかし、「ゼロ・ポイント・フィールド」は「量子真空の場」であり、この宇宙を生み出せるほどの無限のエネルギーが潜んでいるので、「波動エネルギー」の減衰は起こらない。

そのため、「ゼロ・ポイント・フィールド」に記録された「波動情報」は、永遠に残るのである。


これまで過去に科学的仮説が発表され、後日、科学が進歩し発展してから事実であると判明したものは多い。

例えば、**「ビッグバン宇宙論」**、**「ニュートリノ」**、**「ヒッグス粒子」**などがある。

その中には、発表直後においては、「荒唐無稽」であると非難されたものもある。

(二) 量子物理学の「ゼロ・ポイント・フィールド仮説」と「仏教の教え」との相似性

本書は「仏陀の修行法」について書いているので、ここでは「仏教」からの視点による、量子物理学の「ゼロ・ポイント・フィールド仮説」について述べてみたい。

仏教では、「ゼロ・ポイント・フィールド仮説」と同じような教えを説いているのだろうか？

もし、仏教でも説いているとしたら、どのように説いているのだろうか？

(一) 量子物理学的に見るならば、
私達が「物質」と思っているものの実体は、全て、「エネルギー」であり、「波動」に他ならず、それを「質量や重量を持った物質」とか「固い物体」と感じるのは、実は、私達の日常感覚がもたらす「錯覚」にすぎない。

についての、「仏教の教え」を以下に述べる。


これは、仏教でいう「空」や「色即是空」と共通性がある。

ただし、これまで言われてきた「空」ではなく、筆者が考察した「空」である。

これまで宗教関係書や講演等において説明されてきた「空」は、「縁起」や「無我」のことを言っていることが多い。

・色(物質)は存在はするが原因・条件しだいで変化するので、実存(永遠に変化しない)ではない。これを「空」という、と説明されることが多い。

・または、この世にあるものは全て因果律(因縁果報)により存在しているので、因果律は実存である。

「空」も実存なので、実は「空」は因果律のことなのであると説明されることもごく稀にある。

仏教における「空」は、サンスクリット語のシューンニャの訳で、「実体がないこと」、「無我」という意味である。

ここで、筆者が考察した「空」を述べたい。

寺院で見かける五輪塔は5段になっており、上から順に「空・風・火・水・地」を象徴している。この「空・風・火・水・地」は、古代インドにおいて、宇宙の構成要素・元素と考えられ五大と称された。仏教でもまた同じである。

仏陀は王子時代に「ヴェーダ」を中心とした学問を習い、人並外れた才能を示したと伝えられているので、五大も当然習っていると思われる。

現代においては、ほとんどの人は「風・火・水・地」が宇宙の構成要素・元素であるとは思っていない。

ましてや、ウパニシャッド哲学に代表される「ヴェーダ」を完成させた天才的な古代インドの賢人達が、「風・火・水・地」を宇宙の構成要素・元素と考えていたとはとても考えられない。

筆者は、古代インドの賢人達が宇宙(万物)の構成を、「空・風・火・水・地」で代表して表現したものであると考えている。

例えば、「地」は固体を代表し、「水」は液体を代表している。

「火」と「風」は気体を代表しているが、「火」は目に見える気体を、「風」は目に見えないさらに微細な気体として代表している。

そして、そのように多くの人達(一般大衆)には説明したものと考えられる。

当時、読み書きができる人は非常に限られていた。大衆は読み書きができない人がほとんどであり、学問の教育レベルは現代の小学生低学年のレベルほどだったと思われる。

当時においては、固体、液体、気体という概念を知らない人が大半だったと考えられる。そこで、多くの人に固体を説明する場合は、山とか岩とか大地のようなものであると説明したのではないかと考えられる。

同様に、液体を説明する場合は、海水とか川の水とか雨水のようなものであると説明したのではないかと考えられる。

気体を説明する場合は、火とか煙とか風のようなものであると説明したのではないかと考えられる。

そこで「空」だが、これは固体・液体・気体として存在する物質を構成する根本的な元素もしくはエネルギーを表現しており、それは決して知覚できないもので、宇宙全体に遍満している。条件が整えば、何もなかった空間から「空」という根本元素もしくはエネルギーが凝集して物質が生じる。この知覚できない根本元素「空」は、全宇宙に隈なく存在しており、不始不終であり、不生不滅であり、不垢不浄であり、不増不減である。

「空」は従来考えられていたように、決して「実体がないこと」の意味ではない。インド、ギリシャ、ローマ、中東、中国の古代(紀元前)の賢人達(学者)は、現代の宗教や哲学、自然科学、数学の全ての基礎を完成させたと言ってもいいほどの天才達である。現代の各分野の天才達に比べても、優るとも劣らない天才達だった。

そんな天才的な古代インドの賢人達により、宇宙の構成要素・元素と考えられ五大と称された「空・風・火・水・地」である。

五大のうちの「風・火・水・地」は、実体があり、そして知覚できるものである。そのため、五大のうちの「空」についても必ず実体があるものとして仮定したはずである。

ただし、微細すぎて知覚できないものなので、特殊な名称を付けたはずである。

例えば、「実体は決して知覚できないもの」という意味を表す名称など。

現代の物理学における素粒子も、仮説だけで存在はまだ最新の科学でも証明されていないものがあるが、名称はきちんと付けられている。

もしかすると、「空」の名称は、時が経つうちに「実体は決して知覚できないもの」という意味の名称から「実体がないこと」を意味する名称に変化したと考えられなくはない。

「空」は、固体・液体・気体として存在する物質を構成する根本的な元素もしくはエネルギーを表現しており、それは決して知覚できないものである。

よって、
・すべての物質(色)は存在はするが、原因・条件に応じて固体・液体・気体と様々に変化する。実存(永遠に変化しない)ではない。(因縁生起、縁起)
そして、
・物質(色)は、知覚できない根本元素「空」によって構成されている。(色即是空)
・知覚できない根本元素「空」から、すべての物質(色)は生じる。(空即是色)
このように、「空」は存在の根源であり源泉なのである。
ところが、「空」の意味は、時代を経るにつれて変わってしまったと筆者は考えている。
どのように変わっていったのであろうか?

(「空」の本来の意味)

繰り返しになるが、「空」は、固体・液体・気体として存在する物質を構成する根本的な元素もしくはエネルギーを表現しており、それは決して知覚できないものである。

(「空」の意味の変化その一)

「空」は科学的な用語であったが、当時読み書きができる知識人は宗教家(聖職者)や哲学者が多かったので、しだいに宗教や哲学の中でも使われるようになっていったと考えられる。
そして、次第に、「空」は「縁起」や「無我」の意味を合わせ持つようになった。

なぜなら、「空」という根本的な元素もしくはエネルギーがあるからこそ、「縁起」や「無我」は成り立つのであり、「縁起」や「無我」という概念(考え)が生じるのである。

(「空」の意味の変化その二)

さらに時代を経て、元々の「空」の意味は忘れ去られてしまい、いつの間にか現在のような、「縁起」や「無我」としての意味になってしまったと筆者は考えている。

なぜなら、中世(五世紀~十五世紀)以前は、科学は広く研究されてなく、そして広く活用されていなかったために、科学的な用語の本来の「空」の方は、使われなくなったと推測される。

知覚できない根本元素「空」は、今や荒唐無稽の話ではなくなっている。

二〇一二年、宇宙に遍満する「素粒子に質量をあたえる素粒子」ヒッグス粒子の発見のニュースが世界を駆け巡った。

ヒッグス粒子とは素粒子という自然界の最小単位の1つであり、真空に遍く存在し、「素粒子の質量の起源」と考えられている素粒子のことをいう。

素粒子は、素粒子に質量をあたえるヒッグス粒子以外に、電子・クォーク・ニュートリノなど物質を形づくる素粒子、光子など力を伝える素粒子に大別されるという。

これらは、「宇宙は、小さな灼熱の宇宙が大爆発を起こして誕生した」とする現代宇宙論の「ビッグバン宇宙論」を基礎としている。

また、最近の研究によると、宇宙の成分の約23%は知覚できない物質(ダークマター)であり、約

73％は知覚できないエネルギー(ダークエネルギー)で、我々が星、星雲、ガスなどとして知覚できるのは、わずか4％しかないという。

繰り返しになるが、仏教では、
・物質(色)は、知覚できない根本元素「空」によって構成されている。(色即是空)
・知覚できない根本元素「空」から、すべての物質(色)は生じる。(空即是色)
と、説いている。

もちろん、元素はエネルギーなので、「空」はエネルギーであり波動に他ならない。

すなわち、仏教でも、量子物理学と同じように、私達が「物質」と思っているものの実体は、全て、「エネルギー」であり、「波動」に他ならないと説いている。

(二)「ゼロ・ポイント・フィールド仮説」の

このことは、「目に見える物質」だけではなく、「目に見えない意識(心)」も、その本質はエネルギーであり、波動なのである。全て「波動エネルギー」なのである。

についての、「仏教の教え」を以下に述べる。

仏教では、人間は五つの集まり(五つの構成要素)から成り立っていると説明している。
多くの宗派で唱えられている「般若心経」の「五蘊皆空」の「五蘊」がそうである。

「蘊（うん）」とは、集まり（構成要素）のことをいう。

そして「五蘊」とは、色（しき）・受（じゅ）・想（そう）・行（ぎょう）・識（しき）をいう。

色（しき）は物質のことであり、人間では肉体のことを指している。

残りの受（じゅ）・想（そう）・行（ぎょう）・識（しき）は、精神（心と心の作用）を指している。

すなわち、受（じゅ）・想（そう）・行（ぎょう）・識（しき）は、「目に見えない意識（心）」のことである。

「般若心経」では、「五蘊皆空」と説いており、
色（しき）すなわち物質は、「空」であると説いている。

受（じゅ）・想（そう）・行（ぎょう）・識（しき）、すなわち、「目に見えない意識（心）」も「空」であると説いている。

「空」は根本的な元素もしくはエネルギーであり、また、根本的な元素もエネルギーなので、

結局のところ、「目に見える物質」だけではなく、「目に見えない意識（心）」も、その本質はエネルギーであり、波動なのである。全て「波動エネルギー」なのであると、仏教では説いている。

以上より、「ゼロ・ポイント・フィールド仮説」と「仏教の教え」は、非常に似ている。いや、同じと言っても、差し支えないと思う。

(三)「ゼロ・ポイント・フィールド仮説」と「大生命」との相似性

実は、「ゼロ・ポイント・フィールド仮説」は、キリスト教やユダヤ教などの一神教では「神」と呼ばれ、大乗仏教では「大日如来」などと呼ばれ、宗教とは一線を画している知識人からは「宇宙法則」とか「真理」とか「宇宙意識」とか「大生命」などと呼ばれているものに極めて近いのである。

いや、同じであると言っても決して過言ではない。

もう少し詳しく説明すると、宇宙の全ての場所に普遍に存在している「量子真空」の中には、この宇宙を生み出せるほどの無限のエネルギーである「ゼロ・ポイント・エネルギー」で満たされている。

この「量子真空」の中に「ゼロ・ポイント・フィールド」と呼ばれる場があり、この場に、宇宙の全ての出来事の全ての情報が、記録されているというのが、「ゼロ・ポイント・フィールド仮説」である。

それを、宗教では「神」とか「大日如来」などと呼んでいるし、宗教とは一線を画している知識人からは「宇宙法則」とか「真理」とか「宇宙意識」とか「大生命」などと呼んでいるのである。

（解説）大生命

宇宙（物質）は根源的な元素やエネルギーによって構成されるが、それを成り立たせるものが「大生命」であり、それは唯一の実在である。

キリスト教やユダヤ教などの一神教では「神」と呼ばれ、大乗仏教では「大日如来」などと呼ばれ、宗教とは一線を画している知識人からは「宇宙法則」とか「真理」とか「宇宙意識」とか「大生命」などと呼ばれている。

全ての物質、生物、もちろん人間にも「大生命」が浸透しており、「大生命」が浸透しているからこそ全ての物質、生物、人間は存在することができる。

「大生命」は宇宙の隅々まで浸透し、宇宙を構築し、全ての運動・行為も背後で支えている。当然のことながら、「大生命」は、宇宙の誕生からの宇宙の全ての出来事の全ての情報を保有しているのは言うまでもない。

（四）「ゼロ・ポイント・フィールド仮説」を踏まえた「死後の世界は存在する」説の解説

「第一章　念（ねん）と四念処（しねんじょ）」で解説したように、私達の意識（心）は、〝一つ目の「念」〟のことである。

もう一度繰り返すが、一つ目の「念」は、私達の通常の〝思いという心の働き(心の作用)〟であり、すなわち煩悩(我)を伴った〝今この瞬間の思い(心の状態)〟のことを指している。

もし、私達が煩悩(我)を解脱(解消)することができると、私達の意識(心)は、そのまま完全に「大生命」と一体になる。

すなわち、「ゼロ・ポイント・フィールド」と一体になる。

「ゼロ・ポイント・フィールド」は、「大生命」の世界であり、数千年の昔から古代インドにおいては、涅槃(ねはん)などと呼ばれてきた「解脱(最終的な悟り)者だけが行くことができる世界」に相当する。

そのため、私達は残念ながら煩悩(我)を解脱(解消)しない限りは、「ゼロ・ポイント・フィールド」には行くことができないのである。

「ゼロ・ポイント・フィールド」は、量子力学(科学)においてはまだ承認されていない、あくまでも仮説であるが、量子力学自体がまだ謎が多いので、今後証明され、承認される可能性が高い仮説である。

そういう最先端科学である量子力学の、さらに最先端の仮説は、数千年の昔から古代インドで提唱されてきた「解脱(最終的な悟り)者だけが行くことができる世界」と同じである。

古代インドの天才達や聖者達は、現代の天才達に比べて、引けを取らない天才であった。彼らは、独自の研究や思考そして瞑想体験によって、それを知ることが出来たのである。

〝「ゼロ・ポイント・フィールド仮説」を踏まえた「死後の世界は存在しない」説〟は、研究や思考によって提唱されているが、提唱する人達は残念ながら「本格的な深い瞑想」の体験はない。

そのため、「ゼロ・ポイント・フィールド」には誰でも行くことが出来ると考えているが、実際は、数千年の昔から古代インドで提唱されてきたように、「解脱者(最終的な悟りを得た者)」だけしか行くことができないのである。

繰り返しになるが、
私達は残念ながら煩悩(我)を解脱(解消)しない限りは、「ゼロ・ポイント・フィールド」には行くことができないのである。

私達は死んでしまうと肉体から離脱して、〝煩悩(我)を伴った心(意識)〟だけの存在、すなわち霊的存在(霊魂)になり、この世(現実世界)でもなく、「ゼロ・ポイント・フィールド」でもない〝別の世界〟に行くことになる。

この世(現実世界)でもなく、「ゼロ・ポイント・フィールド」(涅槃)でもない〝別の世界〟を、あの世(霊的世界)と呼んでいるのである。

すなわち、私達は死んでしまうと、煩悩(我)を解脱(解消)しない限りは、霊的存在(霊魂)として、「ゼロ・ポイント・フィールド」以外の世界、すなわち「霊的世界」(あの世)に行くことになる。

その「ゼロ・ポイント・フィールド」以外の世界である「霊的世界」が、「死後の世界」である。

このことを、仏陀釈尊はどのように述べているのだろうか。

仏陀釈尊が語った言葉を収録した最初期の仏典「ブッダのことば(スッタニパータ)」(中村元訳、岩波文庫)の中の(第一　蛇の章　の　一、蛇)において、次のように述べているのである。

一　蛇の毒が(身体のすみずみに)ひろがるのを薬で制するように、怒りが起こったのを制する修行者(比丘)は、この世とかの世とをともに捨て去る。
――蛇が脱皮して旧い皮を捨て去るようなものである。

二　池に生える蓮華を、水にもぐって折り取るように、すっかり愛欲を断ってしまった修行者は、この世とかの世とをともに捨て去る。
――蛇が脱皮して旧い皮を捨て去るようなものである。

・・・・・・・

・・・・・・・

十七　五つの蓋(おお)いを捨て、悩みなく、疑惑を超え、苦悩の矢を抜き去られた修行者は、この世とかの世とをともに捨て去る。
――蛇が脱皮して旧い皮を捨て去るようなものである。

これら(一から十七)の例えで、多くの煩悩を解消・消滅した人を表現している、すなわち、解脱を成就した「解脱者(最終的な悟りを得た者)」を表現しているのである。

そのうえで、解脱を成就した「解脱者（最終的な悟りを得た者）」は、この世（現実世界）とかの世（あの世、霊的世界）をともに捨て去る。言葉を変えると、この世（現実世界）とかの世（あの世、霊的世界）には行かない。

と仏陀釈尊は語っているのである。

ここで注意しなければいけないのは、

「この世（現実世界）とかの世（あの世、霊的世界）をともに捨て去る」の意味である。

その意味を、「かの世（あの世、霊的世界）はない。死んだら無になる。」と短絡的に解釈してはいけないのである。

もし、そうであるならば、「人は全員、死んだら無になる。」と仏陀釈尊は語ったはずである。

ところが、ここでは、解脱を成就した「解脱者（最終的な悟りを得た者）」だけを対象にしている。

そうすると、それとは別の意味で、仏陀釈尊は語っていることが理解できるはずである。

仏陀釈尊は語っている本当の意味は、次であることが理解できるはずである。

「解脱者（最終的な悟りを得た者）」は、この世（現実世界）とかの世（あの世、霊的世界）には二度と行くことはない。

それでは、どこに行くのであろうか。

「解脱者（最終的な悟りを得た者）」は、この世（現実世界）とかの世（あの世、霊的世界）でもない

「別の世界」に行くのである。

「解脱者（最終的な悟りを得た者）」が行く「別の世界」が、「涅槃、ニルバーナ」である。

私達は煩悩（我）を解脱（解消）しない限りは、「この世（現実世界）」とは異なる「あの世（霊的世界）」に、〝煩悩（我）を伴った心（意識）〟だけの存在、すなわち霊的存在（霊魂）として行くことになる。

そうして、心（意識）と煩悩に応じて輪廻転生（再びこの世に誕生）し、新たな身体や性格や能力を持って、新たな家族とか友人などの環境の中で、新たな人生を送ることになる。

再度繰り返すが、

「ゼロ・ポイント・フィールド」は、「大生命」の世界であり、仏教では涅槃（ねはん）と呼ばれている世界に相当する。

そのため、私達は残念ながら煩悩（我）を解脱（解消）しない限りは、「ゼロ・ポイント・フィールド」には行くことができずに、〝煩悩（我）を伴った心（意識）〟だけの存在として、「あの世（霊的世界）」という世界に行くことになる。

私達は死んでしまうと、煩悩を持ったまま肉体から離脱して、「霊的存在（霊魂）」として、「あの世（霊的世界）」という世界で生き続ける（存続する）ことになる。

すなわち、私達は煩悩（我）を持ったまま、私達の煩悩（我）に相応しい環境の中で、「この世（現実世界）」でも「あの世（霊的世界）」でも生き続けるのである。

それでは、「霊的存在は、本当に存在するのだろうか？」を、第五章で詳しく解説したい。

第五章　「霊的存在」は本当に存在するのか

第五章　「霊的存在」は本当に存在するのか

「霊的存在」とは、肉体を持たずに霊魂(れいこん)の状態で、あの世(霊的世界)に存在するものを言うが、その他にも、死んだのにあの世(霊的世界)に行けずに、この世(現実世界、三次元世界)とあの世の中間の状態にとどまっている〝幽霊〟とか〝不成仏霊〟と言われている霊的存在や、あの世(霊的世界)でもこの世でも自由に行き来できるとされている〝神霊〟と言われている霊的存在も含まれる。

〝幽霊〟とか〝不成仏霊〟と言われている霊的存在の中には、関係ある特定の人達に怨みを持って祟ることで不幸や不運をもたらしたりする〝怨霊〟と言われている霊的存在がいる。そういう霊的存在は、関係ある特定の人物への怨みを晴らした後は、成仏するので(あの世に行くので)、〝怨霊〟ではなくなる。

それとは別に、強制労働や戦争での殺戮などで強い怨みや苦しみを持ったまま命を落としたために、彼らが命を落とした場所に〝地縛霊(じばくれい)〟として留まり続ける霊的存在もいる。

そして、たまたまそこに居住したり訪れたりする〝彼らとは全く縁もゆかりもない人達〟に、彼らの強い怨みや苦しみが影響を及ぼして、不幸や不運をもたらしたりする。

〝地縛霊〟は、いつまでも怨みや苦しみを持っているので、その場所に、居住したり訪れたりする〝彼らとは全く縁もゆかりもない人達〟に、いつまでも不幸や不運をもたらし続けることになる。そういう不幸や不運をなくすためにも、彼らの怨みや苦しみを解消して、彼らに早く成仏してもらうように、慰霊供養(成仏供養)を、彼ら全員が成仏するまで、定期的(毎年とか数年毎とか)に行なう必要がある。

〝神霊〟と言われている霊的存在には、例えば、特定の人物を背後で日夜守っている〝守護霊〟とか〝背後霊〟と言われている存在や、真剣な祈りを捧げることで〝怨霊〟や〝地縛霊〟を撃退してくれたり、不幸や不運を消滅させて、幸福や幸運を与えてくれるという〝薬師如来、観音菩薩、毘沙門天、不動明王、龍神など〟、宗教において〝神仏〟として祀られている霊的存在などが含まれる。

尚、〝成仏できず〟の「成仏」という言葉は、本来の「仏陀に成る成仏」ではなく、昔から死者に対して「成仏した」という言葉が使われているように、「死んであの世(霊的世界)に行く」という意味の「成仏」のことである。

通常、これらの霊的存在は人間の肉眼には見えないので、その存在を信じている人達は多くいる一方、反対にその存在に疑いを持っている人達も実に多い。

また、死亡事故現場や病院の廃墟などで、〝幽霊を見たという人達〟も多く、そういう人達のほとんどは、霊的存在は勿論のこと、人間が死んだら霊的存在(霊魂)になることも信じている。

そして、このような〝幽霊を見たという人達〟は、今も昔も日本だけに留まらず世界各地に数多くいる。

そういう人達が霊的存在を感知する方法には、大きく次の4つの感知方法に分けられる。

（感知方法1）　肉眼には見えないが、何となく霊的存在の気配を感じる。

（感知方法2）　肉眼には見えないが、はっきりと霊的存在の物音や音声が聞こえる。

（感知方法3）　肉眼には見えないが、はっきりと頭の中に霊的存在を映像として見る。

（感知方法4）　肉眼に、はっきりと霊的存在を見る。

さらに、そういう人達が霊的存在を感知する能力には、大きく次の2つの感知能力に分けられる。

（感知能力1）　たまたま偶然に、ほんの1～2回だけ霊的存在を感知した。

（感知能力2）　時々または頻繁に、霊的存在を感知する。

筆者はどうかと言えば、記憶が部分的に少しは残っている三歳の頃から、時々、主に（感知方法1）と（感知方法2）で霊的存在を感知していた記憶がある。

当時は、幽霊とか霊的存在のことは全く知らなかったせいか、肉眼には見えない存在を感知しても、肉眼には見えないために全く怖くなかったし、不思議とも思わなかった気がする。

ただ一度だけ、肉眼で霊的存在らしきものを見た記憶が、今でも鮮明に残っている。それは、4〜5才の頃だったと思うが、隣の家の縁側の前を歩いていた時である。

その時偶然に、隣の家の縁側の床下の薄暗い奥に、異様な姿の小人(こびと)を見たのである。当時は見るもの全てに興味があり、その正体を確かめようとして近づいて、身をかがめて床下の中に入ろうとした時、その異様な姿の小人は筆者に気付いたようで筆者の方に顔を向けたのである。その瞬間、筆者は、縁側の手前の方にあった岩のような大きな石に、左眼のまぶたの上を打ち付けてケガをしたのである。

ところが、筆者の記憶は、「目の前に大きな石が迫って見えた」時点から、「左眼のまぶたの上を治療して眼帯をかけていた」時点までの間の記憶が、すっぽり抜け落ちているのである。その時の記憶が、当時は思い出せなかったのである。勿論、今でも思い出せないのであるが。幼児から児童(小学生)そして少年(中学生)に成長する間も、毎日鏡で顔を見るたびに、左眼のまぶたの傷跡が見えるので、あの出来度をすぐに思い出していた。

いつ頃かは分からないが、小学生の時には宇宙人のことは知っていたので、その頃から、あの時に見た異様な姿の小人(こびと)は、もしかすると宇宙人かもしれないと思っていたことが一時期あった。

鏡で顔を見るたびに、筆者に姿を見られたので、宇宙人の小人から記憶を消されたのかもしれないと思っていた。成長するにつれて左眼のまぶたの傷跡はほとんど目立たなくなり、その為、あの出来事は記憶の片隅に追いやられたのか、ほとんど思い出さなくなった。

ところが、30才を過ぎた頃に、ある親子連れと話す機会があった。その親が、「この子は、幼児時代はよくおかしな事をしゃべっていた」と言うのである。

何でも、「家の庭の便所の近くで、小人(こびと)を見た」と、よく言っていたらしい。そのため、両親や家族は、それを確かめに行くんだが、本人以外は小人の姿を見ることは出来なかったらしい。

筆者はその話を聞いて、その小人は施餓鬼供養(せがきくよう)で有名な「餓鬼」だと思った。そして、筆者が幼児時代に見た小人も、「餓鬼」じゃなかったのかと思うようになった。

また、記憶がすっぽり抜け落ちているのは、あの時気を失ったり、治療の時に麻酔をかけられたせいかもしれないと思うようになった。

今でも、鏡で左眼のまぶたの上の切り傷を見ると、あの出来事を思い出すことがある。確か、傷口を1針か2針ほど縫ったので、今でもうっすらと切り傷の跡が残っている。今ではほとんど目立たなくなって、皺(しわ)のように見えるが、よく見ると切り傷の跡である。

そして、会社に入社後に入院して退院してから、体調を戻すために行なったトレーニング(仏陀の修行法である四神足法)が進むにつれて、(感知方法1)と(感知方法2)だけでなく、(感知方法3)と(感知方法4)でも霊的存在を感知するようになった。その中から、退院してから1年半ほどの間に、立て続けに体験した3件の例を次に述べたい。

（一）筆者による「霊的存在」の確認体験例（3件）

①退院してから3か月ほど経った頃に、就寝前の夜の11時頃、いつものようにトイレに行こうと部屋を出た。寮のトイレは共同トイレになっており、小便用と大便用の便器をそれぞれ3～4個ずつ備えている横幅4m×奥行5mほどの広さの専用トイレであった。

寮は3階建てで、1階当たり6部屋が並んでいて、各部屋のドアの外が幅2m程の廊下で繋がっていた。そういうアパート形式の建物が4～5棟あり、各棟全て、端の方で幅4～5m程の渡り廊下で繋がっていた。

そして、各棟を繋ぐ渡り廊下の中央部に、それぞれ共同トイレがあった。筆者が住んでいた部屋は、道路に面した棟の3階にあり、トイレのある渡り廊下から5部屋目に位置していた。

その日もいつものように、就寝前にトイレに行こうとして、部屋のドアを開けて廊下に出た。すると、何となく誰かに見られているような〝他人の視線〟を感じるのである。周囲をぐるっと見回し、廊下に誰かいないのかとか、どこかの部屋のドアが開いてドアの隙間から誰かが見ていないかとか、道路に面した窓の外や道路の向こう側の家から誰かが見ていないかなど調べてみた。しかし、廊下には誰もいないし、各部屋のドアはきちんと閉まっているし、廊下の窓ガラスを開けて外を確認しても誰もいないし、道路の向こう側の家からこちら側を見ている様子も全くなかった。

それでも、やはり誰かに見られているような〝他人の視線〟を感じるのである。

周囲を確認しながらトイレに行き、用を済ませて、自分の部屋に戻っても〝他人の視線〟を感じるのである。しばらく経って、ようやく〝他人の視線〟を感じなくなったので、布団の中に入った。すると、頭の中に大学の教養部時代の恩師の姿がはっきりと映像として浮かんだのである。

筆者の大学時代は、入学して1年半は教養部キャンパス(福岡市六本松)において、教養部課程の講義を受けた。その後の2年半は、各学部がある本学キャンパス(福岡市箱崎)において工学部の生産機械科に在籍し、工学部の機械科の講義を受けた。

教養部時代の筆者のクラスは、工学部の機械科や電気科や航空科など各学科の工学部の学生が混在していた。教養部時代の恩師は、定年前の眼鏡をかけた温和で笑顔が似合う男性教授であった。筆者は、1年半の教養部を出てから一度も恩師の教授に会っていないし、入社してからは全く忘れていた。その全く忘れていた教養部時代の恩師の姿が浮かんだのである。懐かしさとともに不思議な思いがしたが、やがて寝入ってしまった。

翌朝、起床してすぐに、昨日の〝他人の視線〟を感じないかと少し不安に思ったが、全く感じることはなく、いつも通りの朝を迎えることができた。

それから3～4日ほど経って、いつものように朝食後の出社前に、談話室で備え付けの新聞を読んでいた。新聞の死亡欄に目を落とした瞬間、驚きとともに全身が凍り付いてしまった。なんと、死亡欄には、教養部時代の恩師の死亡記事が記載されていた。

筆者が〝他人の視線〟を感じた前日に、教養部時代の恩師は死亡されたとのことであった。そしてすぐに、筆者は〝ありがたさ(感謝)の気持〟が湧き、恩師のご冥福を祈っていた。

あの夜、恩師は筆者を懐かしく思い、霊の状態で筆者の所に訪れて、筆者の様子や筆者がどのような生活を送っているのかを確認されたのだろうと思う。

②

退院してから1年近く経った頃に、知人と3人で大阪府吹田市万博公園にある国立民族博物館の確かアフリカ展示場だった気もするが、もしかするとインド展示場だったかもしれないが、その展示場で見学していた時に、突然、左斜め方向から、目の前でカメラのフラッシュが焚かれたかのような、眼が眩(くら)むほどの白銀の光が筆者の眼に飛び込んできた。眼が眩(くら)むと同時に、10~20秒の間、立っているのが精一杯なぐらいの大きな揺れを感じた。

その揺れが収まってから、少し離れた所の展示物を見ていた2人に、「今すごい地震だったね。」と話しかけたが、2人は唖然とした顔で、「地震なんてなかったよ。」と答えが返ってきた。

筆者は、「そんな馬鹿なことがあるもんか。今すごい地震があったじゃないか。」と、2人がいる所まで詰め寄って問い直した。しかし、2人の返答は、「地震なんてなかったよ。」と同じであり、逆に怪訝な顔をされた。

そこで筆者は、白銀の光がきた方向に行き、そこにあった展示物を確認した。

すると、その掛け軸状の展示物は、何とユッサユッサと大きく揺れているのである。

その両隣も同じような掛け軸状の展示物であったが、全く揺れていないのである。

それればかりではなく、その他の全ての展示物も、全く揺れていないのである。

筆者に眼が眩むような白銀の光を放射した展示物だけが、ユッサユッサと大きく揺れているのである。筆者は不思議な気がして、すぐに2人を呼んで確認してもらったが、2人とも驚き、そして気味悪がったので、急いでその展示場を出て、次の展示場に向かった。

筆者は、2人は見学に夢中になったために地震に気付かなかったのかもしれないと思って、翌日、大阪地方に地震がなかったか、新聞で確かめたりしたが、2人が言ったように地震はなかった。

そして、「不思議な事もあるものだ。霊的現象の一つだろうか。」「なぜ、あんな現象が筆者一人だけに起きたのだろうか。」と思ったが、考えても分からないので、それ以上は思わなかった。

③ 退院してから1年半経った頃に、確か休日の昼過ぎだったと思うが、寮の部屋でいつものように体調を戻すためのトレーニングを行なった。
その後に、その日に初めて、前もって買い求めていた、真言宗立川流から分かれた流派で、人間の頭蓋骨である髑髏(どくろ)を本尊とする秘教とか邪教と言われている〝密教立川流〟のことが書かれている本に従って、密教立川流の修行法を試してみた。

密教立川流の修行は、座禅を組んで、本尊の髑髏が目の前にあると想像(観想)して行なった。寮の筆者の部屋には、スピーカーを両側にしたレコードプレーヤー一式を壁際に置いていた。当時のレコードプレーヤーは、スピーカーも含めると、横幅が1・5mほど、高さが1m弱あり、レコードプレーヤーが入っていた中央部のオーディオ・ラックは、透明なガラスの開閉扉が付いていた。レコードプレーヤー一式は黒色であり、そのため、透明なガラスの開閉扉は鏡の役割をしていた。

筆者は、瞑想をする時には、いつも開閉扉から1mほど離れて座禅を組み、全身の姿勢を確認してから行なっていた。

その日の密教立川流の修行も、開閉扉から1mほど離れて座禅を組み、全身の姿勢を整えて確認してから行なっていた。修行を始めてから5〜6分経った頃、突然、筆者と開閉扉の間に、結跏趺坐の姿勢の明らかにインドの修行者と思われる人物が、筆者の方を向いて出現したのである。

筆者は、その人物と向かい合ったまま、結跏趺坐の姿勢で彼をじっくりと観察した。普通で考えれば当然異常な事態なのに、恐怖心は全くなく、不思議さと好奇心を感じながら観察を続けた。

インドの修行者と思われる人物は、ラホール博物館の有名な〝断食する仏陀像〟と感じが似ていたが、しかし、体つきはボクサー(ボクシング選手)のように、少し細身ではあるが、見るからに筋肉質の引き締まった体で、見事なほど美しい結跏趺坐の姿勢で筆者を見つめていた。

その顔は立派で美しくハンサムであり、威厳に満ちており、そして慈愛に満ちており、実際に生きている人物であった。

しばらく、その人物を見つめていたが、何かの拍子に、筆者の視線のピントがその人物からずれたのである。すると、その人物が少し透明になり、彼を透かして、開閉扉に映った筆者の姿がおぼろげに重なって見えたのである。

そこで、その人物は霊的存在であることに、改めて気付いた。筆者の視線のピントを開閉扉に合わすと、その人物の姿は非常におぼろげになり、その人物を透かして、開閉扉に映っている筆者の姿がはっきりと見えるのである。

反対に、筆者の視線のピントをその人物に合わすと、開閉扉と筆者の姿は、その人物の背後に隠れて全く見えなくなった。そして、その人物は筆者と真正面で向かい合ったまま、筆者と視線を合わせていた。これを数回繰り返して、その不思議さに驚くとともに、その人物は間違いなく霊的存在であることを確認していた。

すると、筆者の頭の中に、「その修行はすぐにやめなさい。」という声が、はっきりと聞こえたのである。

その時、「これがテレパシーというものか。」と思った。そして、なぜか素直に、「分かりました。二度と行ないません。」と心の中で返答していた。それを聞いて確認したかのように、その人物の姿はゆっくりと消えていった。

その時には全く分からずに二十数年経ってから分かったことは、はっきりと実体を持った姿で出現することができるのは、〝神霊〟の中でも最上級クラスの霊的存在だけである。しかも、外は昼過ぎで非常に明るく、部屋の中も窓のカーテンは開いたままだったので、かなり明るかった。そういう明るい所に、はっきりと実体を持った姿で出現されたのである。

次は、筆者自身、一時的ではあるが霊的存在(自分の肉体から離れた存在)になった体験をいくつか持っているので、そのうちの３つの例を次に述べたい。

（二）筆者自身が「霊的存在」になった体験例（3件）

㈠　それは、筆者が全く偶然に、そして初めて体験した〝幽体離脱〟現象である。それ以降は、主に瞑想中において度々、筆者の意志で〝幽体離脱〟現象を体験しているのだが、その時は、全く偶然に体験したのである。

筆者の第1作目の本である「四神足瞑想法」に書いてある、〝第二課程　気のエネルギーを操作する技法〟の、〝二―二―二　身体トレーニングの静的トレーニング法〟の〝㈠　手から気を放出する技法〟の中に、人さし指と中指の先端からレーザー光線のように気を放出した体験談を書いている。

実は、その後に、自分の部屋に戻って瞑想を行なった。気を放出するトレーニングの直後だったせいか、すぐに深い瞑想状態に入った。しばらくすると、板壁が目の前に見えたというよりは、突然視界全体に板壁が現れたのである。その目の前の板壁の木目を、無意識に観察していた。色んな木目の模様があり、興味を持って、そして丹念に、板壁の場所を変えては眺めていた。

観察を開始してから10～15分ほど経った頃に、寮生の誰かに電話が掛かってきているという寮内放送が流れてきた(聞こえてきた)。その途端に、板壁は消えて、瞑想をしている視線が畳の上にある〝普段通りの状態〟に戻っていた。

瞑想を終えると、椅子に腰かけて、しばらくの間、瞑想中に起こった出来事について考えた。考えてみても何も分からないので、寮の1階にある談話室に行くことにした。

廊下に出て部屋のドアを閉めようとした時、部屋の天井部分が目に入った。その時、部屋の天井部分が板壁造りであることに改めて気付いた。

「もしかすると、先程の目の前の板壁は天井部分だったのではないか。」と、ふと思った。

そこで、再び部屋に入って、椅子の上に立ち、顔を近づけてから、天井部分を調べたのである。何と、天井部分の板の木目は、先程の瞑想中に目の前に現れた板壁の木目そのものであった。

筆者は、偶然にも瞑想中に、天井のごく近くまで幽体離脱していたのである。〝幽体離脱〟現象は、いろいろな書物を読んで知識としては知っていたが、実際に体験したのはこの時が初めてであった。

(二)　筆者の第一作目の本である「四神足瞑想法」の、〝第五課程の空間瞑想法〟には、新幹線の駅のホームにおける〝幽体離脱〟現象を書いている。

改めて、ここで紹介したい。

それから数年が経って、トレーニングは上級課程まで進んでいた。その日、故郷に帰るために新幹線の駅のホームで「ひかり」を待っていた。時間帯によるのかもしれないが、ホームには人影は少なかった。そして、新幹線が到着するまでにはまだ時間があり、手持ち無沙汰であった。

その時どういうわけか、久しぶりに体内の気(のエネルギー)を体外に放出して、頭上に何かあるのだろうかと調べ始めた。

しばらくすると、気が頭上の空間のある位置にきた時、突然振動し始めたのである。同時に、頭部のチャクラを始め体中のチャクラが共鳴して振動し始めたのである。さらに、体の隅々まで気が流れ始めたのである。

その時である。意識は肉体を離れて、頭上の空間の気と一体になって感じられた。完全に肉体から離れて頭上の空間で意識し、周囲を認識していたのである。

「幽体離脱」と「幽体離脱法」について、インターネットで検索すると、筆者の「空間瞑想による幽体離脱法」以外にも、いろいろな方法が掲載されている。

しかも、その中には体験談も書かれており、多くの人が幽体離脱を体験しているようである。

㈢　筆者は、「クンダリニーの覚醒・上昇のトレーニング」において、一度だけ幽体離脱を体験した。

「クンダリニーの覚醒・上昇のトレーニング」とは、〝火の呼吸〟とか〝ふいご式呼吸〟と呼ばれている〝ヨガの呼吸〟を行ないながら、尾てい骨付近に宿るクンダリニーという根源的な生命エネルギーを、頭部のチャクラ(サハスララ・チャクラ)まで一気に上昇させようとするトレーニングである。「クンダリニーの覚醒・上昇のトレーニング」においても、幽体離脱が起こる場合がある。

（解説） チャクラ：力の湧き出る泉

インドのヨガにおいて伝えられてきたもので、体には7ヵ所の「力の湧き出る泉」とか「力の中枢」、「輻（や）」などと呼ばれている「チャクラ」という場所がある。

また、チャクラという語は、サンスクリット語で「輪」を意味する。

そこにエネルギーを集中すれば、体力、気力が増進し、さらに、それまで眠っていて使われることがなかった特殊な能力が発現すると言われている。

この7ヵ所のチャクラの位置は、漢方医学や仙道・気功法でいうところの穴位（ツボ）の中で、特に重要な穴位の位置に相当している。

そして7ヵ所のチャクラは、ヨガの経典やヨガの指導者達によって、次のように説明されている。

1　ムラダーラ・チャクラ

ムラダーラ・チャクラがある場所については、二つの説がある。

一つ目は肛門と性器の中間にあるとする説であり、二つ目は尾てい骨付近にありクンダリニーと呼ばれる根源的な生命エネルギーが潜在している場所であるとする説である。

このチャクラが覚醒し開発されてくると、次のような効果があらわれるという。内臓の消化機能が増強し、体力が増進して、普通人の3～5倍の精力をもつようになる。病気に対する抵抗力がつき、健康体そのものとなる。

このチャクラにサンヤマ（思念）を集中すれば、瀕死の病人でも床を蹴って立ち上がるほどだという。身体に精気が漲って肌が美しくなり、肉体は実際の年齢より十歳以上若くなる。

2　スヴァジスターナ・チャクラ

このチャクラがある場所も諸説があり、性器の根元付近とか、へそと性器の間とか、はたまた腎臓付近とか言われている。

このチャクラにエネルギーを集中すれば、気力が充実し、勇敢になって、積極果敢な行動力を発揮するようになるという。

そして、不動の信念をもって、どんな困難にもひるまずに、生死を超越した超人的手腕、力量を発揮するという。

3　マニピューラ・チャクラ

マニピューラ・チャクラがある場所は、ヨガの経典等ではへそ付近とされている。また、へその上方3～5㎝付近の丹田に相当する場所にあるとも言われており、いずれにしても、へそ付近である。

ヨガの経典であるヨーガ・スートラでは、マニピューラ・チャクラは臍輪と表現されており、「臍輪に綜制をほどこすことによって、体内の組織を知ることができる」と記されている。「体内の組織を知ることができる」というのは、ただ知るというだけではなく、身体の組織を自由にコントロールすることができることだという。

それも、自分の身体だけではなく、他人の身体も自由にコントロールする力を持つから、人の病気なども治してしまうというのである。別のヨガ経典であるシヴァ・サンヒターでは、「他人の体内に入り込むこともできる」と表現されている。

このチャクラは、五気のうちの「サマーナ気を克服するならば、身体から火焔を発することができる」とヨーガ・スートラにあるように、このチャクラを開発することにより、ある種のあたかも火炎に似た形態のエネルギーを身体から出すことができるようになる。

4　アナハタ・チャクラ

このチャクラがある場所も諸説があり、心臓付近とか、胸の中央付近とか言われている。アナハタ・チャクラが開発されてくると、ヨーガ・スートラにある「心臓に意念を集中することで、心を意識することができる」という能力が備わるという。この能力は、他人の心がわかると同時に、他人の心を動かす力でもある。そして、霊的な高い心(聖霊、神霊など)と、心を交流することが出来るようになる。

また、このチャクラが開発されてくると、ある微妙な音が聞こえるようになる。その音を、ナーダ音という。

私達の心は、いつもコロコロころころと変化している。残念なことに、私達は自分の心を自由に制御(コントロール)することは出来ない。それどころか、自分の心にいつも振り回されている。

このナーダ音というのが、その荒れ狂う巨象のごとき心を制御(コントロール)するところまではできないまでも、抑制することができる秘密のカギの一つなのである。

5　ヴィシュダー・チャクラ

このチャクラは、ヨガの経典等ではノドにあるとされている。このチャクラも開発されてくると、ある微妙な音響が聞こえるようになる。

この音響は、アナハタ・チャクラが開発されると聞こえるようになるナーダ音の延長である。かすかに聞こえていたナーダ音が、このチャクラが開発されると、大きな音で聞こえるようになる。

そして、あらゆる生き物の叫び声の意味が分かるようになり、神霊や主導霊の声をはっきり耳にするようになると説明されている。

6　アジナー・チャクラ

このチャクラは、眉間にあるとされている。このチャクラは第三の眼とも言われており、このチャクラが開発されると異常な透視能力を持つようになるという。

どんなに微細なものでも、人目につかぬ所に隠されているものでも、遠く離れた所にあるものでも知ることができるという。

さらに、神霊や主導霊の姿を見るようになり、その言葉を聞くことができるという。このチャクラは命令のチャクラとも言われ、神霊からの指示・命令を受けるようになる。

7　サハスララ・チャクラ

このチャクラは、梵の座、梵の裂け目という頭蓋骨の接合するところの真下に位置する。梵の座、梵の裂け目とは、「梵」すなわち「聖なる場所」という意味である。

このチャクラを目覚めさせると、この部位に光明が現れて、燦然と輝くと言われている。このチャクラは、すべてのチャクラを統括し自由に制御するチャクラである。

このチャクラは、聖霊が宿り、聖霊と交流するところである。つまり、ここが、ヒトの霊性の場であり、仏陀(正覚者)とはこのチャクラを完全に開発したヒトのことだという。

チャクラの場所は、ヨガの指導者たちの研究により、医学的解剖学的に主に内分泌腺に対応されており、一部は神経叢に対応されている。しかし、まだ万人に認められ確立された説ではない。チャクラは、目に見える解剖学的な肉体の器官や組織ではない。「目に見える肉体」とは別に、肉体と重なるように存在している「生体エネルギーの体」のようなものがあり、チャクラは「生体エネルギーの体」に属していると考えられている。「肉体」と「生体エネルギーの体」は、密接な関係にあると考えられている。

そして、「生体エネルギーの体」は、気(のエネルギー)であるとも、または気(のエネルギー)に非常に近いものであるとも言われている。

その証拠に、向かい合った相手の腕の気(のエネルギー)を、自分の手のひらから吸収したり、相手の腕を自分の手のひらでさするようにして、相手の腕の気(のエネルギー)を少しずらしたりすることで、相手は腕や手や指の力が弱まる現象が知られている。

尚、指の力が弱まるかどうかは、Oリングで確認することができる。この現象は、気功法を修練している人だけではなく、気功法を修練していなくても気を感じやすい人なら出来る可能性がある。

チャクラは、内分泌腺や神経叢などの重要な肉体の器官がある場所に位置しており、内分泌腺や神経叢などの重要な肉体の器官と相互に影響を及ぼし合っているという。

（解説）クンダリニー

クンダリニーとは、ヨガにおいて、尾てい骨の仙骨付近に宿る根源的な生命エネルギーをいい、その場所に3回り半のとぐろを巻いて眠っている蛇に例えられている。

そして、クンダリニーが覚醒・上昇すると、そのエネルギーが脳の特定部位に活力を与えて、その特定部位と関係が深い能力が時を経るにしたがって発現するようになるという。

その能力とは、あるいは文学であったり、あるいは芸術活動であったり、あるいは千里眼、読心術、予知力といった超常能力であったりするという。

クンダリニーが覚醒・上昇する時は、背骨に沿って存在するクンダリニーの通り道（気道、ナーディ）を通って頭部のチャクラ（サハスララ・チャクラ）へと上昇する。その際、すさまじい光、音、衝撃を受ける。

このクンダリニーの通り道（気道、ナーディ）には3つあり、スシュムナー、ピンガラ、イダーと呼ばれる。

中央に位置するのがスシュムナーであり、ここを通ってクンダリニーが上昇すると、身体には損傷(ダメージ)を受けない。

スシュムナーの右側に位置するのがピンガラで「太陽の気道」と呼ばれ、ここを通ってクンダリニーが上昇すると、身体の内部から高熱が発生し極めて重大な損傷(ダメージ)を受けると言われている。時には、死に至ることもあるという。

スシュムナーの左側に位置するのがイダーで「月の気道」と呼ばれ、ここを通ってクンダリニーが上昇すると、ピンガラとは反対に身体が冷えて同じく損傷(ダメージ)を受けると言われている。そのため、もしピンガラを通ってクンダリニーが上昇し高熱が発生した場合には、スシュムナーの左側にあるイダーにクンダリニーを通すことで、発熱は鎮静化するという。

そのため、古来より、クンダリニーの覚醒・上昇には重大な生命の危険が伴うので、必ずクンダリニーを覚醒・上昇させた指導者のもとで訓練しなければならないと言われている。


話を元に戻したい。

(三)「霊的存在」は本当に存在する

このように、**霊的存在は本当に存在する**のである。

私達は、老衰や病気や事故・災害などによって、肉体が完全に機能不全になると死んでしまう。**ここで強調したいのは、たとえ死んでしまっても、私達は「無」になるのではない。私達は、霊魂（霊的存在）として肉体を抜け出して、この世（三次元世界）からあの世（霊的世界）へと旅立つのである。**

当然ながら、お金（財産）や地位や名誉などの〝この世の物〟は一切持っていくことはできない。私達が〝あの世〟に持っていけるのは、唯一、〝煩悩（我）を伴っている私達の心（意識）〟だけである。〝煩悩（我）を伴っている私達の心（意識）〟には、この世に生まれてから死ぬまでの間に私達が経験した全ての記憶が刻まれている。

そして、積善（善い事）を多く行なった人は、生まれた時に持っていた煩悩（我）が減少している。反対に、積不善（悪い事）を多く行なった人は、生まれた時に持っていた煩悩（我）よりも、さらに煩悩（我）は増加している。

また、特に熱心に打ち込んだ研究や芸事や技能の記憶は、心（意識）に強く深く刻まれている。そのため、熱心に打ち込んだ研究や芸事や技能は、生まれ変わった次の人生においても再び実践する可能性が高いと思われる。

私達は、私達の心（煩悩を伴っている）に最も相応しい世界（あの世の境遇）に、自ら喜んで望んで行くのである。自ら進んで行くのである。そして、そこで生き続けるのである。

言葉を変えると、この世でもあの世でも、私達の心（煩悩を伴っている）に最も相応しい世界（境遇）で生き続けるのである。

すなわち、今この瞬間の心に応じて環境が形成され、この世でもあの世でも生き続けることになる。

第六章　煩悩（我）を見究めるための方法
……四念処法の前半部分

第六章　煩悩（我）を見究めるための方法

……四念処法の前半部分

四念処法に説かれている煩悩（我）を見究めるための方法は、第一章で説明した「ステップ1」と「ステップ2」の内の「ステップ1」に相当する。そして、煩悩（我）を見究めるための方法は、「念」（サティ、マインドフルネス）を活用するのである。

ステップ1．心の状態（思い）を常に客観的に注意して、煩悩（プログラム）を見究める。

ステップ2．煩悩（プログラム）をただ抑え込むのではなく、書き換える。
　　　　　または、煩悩（プログラム）を消去する。

（一）上座部仏教における四念処（四念住）

「ステップ1」は、上座部仏教では、マインドフルネス瞑想やヴィパッサナー瞑想として発展してきた。その過程で、仏陀(お釈迦様)ご自身が修行され、弟子達に指導されていた、元来、煩悩(我)を解消(解脱)するための仏陀の修行法すなわち成仏法であった四念処(四念住)を、単なるサティ(念)を入れるべき四つの対象としてだけに、変化(矮小化)し限定している。

すなわち、上座部仏教の四念処(四念住)には、「ステップ2」に相当するものがないのである。

(一―一)　上座部仏教のヴィパッサナー瞑想の基本のやり方

上座部仏教のヴィパッサナー瞑想は、マインドフルネス瞑想と同じく、**「今、この瞬間の体験に意図的に意識を向け、評価をせずに、とらわれのない状態で、ただ観ること」すなわち「サティ」を基本にしている。**

ヴィパッサナー瞑想は、マインドフルネス瞑想で「気づいたこと」を、さらに、一つずつ言葉で確認する作業であるラベリング(言葉確認)を追加している方法である。

(手順1)　サティを入れる。

一瞬一瞬のありのままの事実に気づく。

今、この瞬間の体験(事実)に気づくことを、随観(ずいかん)と称している。

(手順1)が、マインドフルネス瞑想である。

(手順2)　次に、ラベリング(言葉確認)を行なう。

一瞬一瞬のありのままの事実に気づいたことを、一つずつ言葉で確認すること（作業）を、ラベリング（言葉確認）という。

ラベリング（言葉確認）することで、気づきを心（意識）に認識確定するのである。

例えば、見たことを「見た」、聞いたことを「聞いた」、感じたことを「感じた」など。口に出しても、出さなくても（すなわち内語でも）、どちらでも構わない。

（手順2）では、そのラベリングを行なう。

筆者は、前作「五根・五力法」で、上座部仏教は「マインドフルネス瞑想」を実践している所と、「ヴィパッサナー瞑想」を実践している所の二つのグループがあると書いたが、これは間違いであり、ここで訂正し、お詫び致します。

上座部仏教は、基本的にはヴィパッサナー瞑想を実践するとのことである。

（一―二）　ヴィパッサナー瞑想の四念処（四念住）とは

ヴィパッサナー瞑想では、「サティを入れるべき四つの対象」を四念処（四念住）と呼んでいる。

「サティを入れるべき四つの対象」とは、身・受・心・法としている。

すなわち、ヴィパッサナー瞑想の四念処（四念住）とは、「瞑想対象の四つのカテゴリー（基本的なグループ）」のことである。

それが、

①　身念処（身随観）
②　受念処（受随観）
③　心念処（心随観）
④　法念処（法随観）

ヴィパッサナー瞑想の四念処（四念住）すなわち「サティを入れるべき四つの対象」を説明する前に、それらを理解する上で必要な知識である、六根・六境・六識について、まずは解説したい。

そして、五欲（五塵）についても解説したい。

（解説）　六根・六境・六識　および　五欲（五塵）

六根・六境・六識および五欲（五塵）は、部派仏教（アビダルマ仏教）における分類である。部派仏教（アビダルマ仏教）とは、仏陀の死後百年（紀元前3世紀）頃に、初期教団（原始教団）が上座部と大衆部に分裂（根本分裂）したのち、この2部派がさらに多くの部派に分裂していった。

各部派は、釈尊が残した教法を研究・整理して、独自の教義を論（アビダルマ）として作り、互いに論争した。これを、部派仏教（アビダルマ仏教）と称している。

部派仏教（アビダルマ仏教）は、釈尊と直弟子時代の初期仏教（原始仏教）を継承している。

●六根（ろっこん）

六根とは、眼（がん）・耳（じ）・鼻（び）・舌（ぜつ）・身（しん）・意（い）の六つの感覚器官のことであり、私達人間（主観の側）の六種の器官のことで、六内入処（ろくないにゅうしょ）とも言う。

・眼（がん、げん）：視覚器官
・耳（じ、に）：聴覚器官
・鼻（び）：嗅覚器官
・舌（ぜつ）：味覚器官
・身（しん）：触覚器官
・意（い）：知覚器官

眼・耳・鼻・舌・身の五つを「五根」といい、五つの身体の感官（感覚器官）のことである。

意（意根）は、認識する働きの拠り所となる感官（感覚器官）のことである。

●六境（ろっきょう）

六境とは、色（しき）、声（しょう）、香（こう）、味（み）、触（そく、しょく）、法（ほう）の私達人間の感覚器官の6つの対象（客観の側）であり、六外入処（ろくげにゅうしょ）とも言う。

・色（しき）：眼根によって見られる色彩と形象
・声（しょう）：耳根によって聞こえる音

- 香(こう)……鼻根によって得られる香り
- 味(み)……舌根によって得られる味
- 触(そく、しょく)……身根によって感じられる堅さ、熱さ、重さなど
- 法(ほう)……意根によって知覚される概念を含むすべての存在

◆六根と六境を合わせて、十二の知覚が生じる場の「十二処」とも言う。

●六識(ろくしき)

六識とは、六種の心の働きのことを言う。

主観の心(意識)が客観の対象をとらえるのは、それぞれの器官を通してである、という考えに立っている。

例えば、

見る心(眼識)は、視覚器官(眼)を通して色・形(色)をとらえる。

聴く心(耳識)は、聴覚器官(耳)を通じて音(声)をとらえる、といった具合である。

- 眼識(がんしき、げんしき)……視覚する意識(心)
- 耳識(じしき、にしき)……聴覚する意識(心)
- 鼻識(びしき)……嗅覚する意識(心)
- 舌識(ぜっしき)……味覚する意識(心)
- 身識(しんしき)……触覚する意識(心)

・意識（いしき）‥識知し思考する意識(心)

部派仏教(アビダルマ仏教)では、心のあり方をこの「六識」に分類するが、唯識派の仏教では、それに第七識としての「末那(マナ)識」、第八識としての「阿頼耶(アラヤ)識」を加えて、「八識」に分類する。

唯識派とは、大乗仏教(上座部仏教・大衆部仏教・部派仏教の後に生まれた)の学派の一つで、瑜伽行唯識学派(ゆがぎょうゆいしきがくは)とも言い、唯識の教学を唱導した学派である。

◆六根と六境と六識を合わせて、十八の知覚が生じる場の「十八界」とも言う。

●五欲(五塵)

五根に対応する境の部分(色・声・香・味・触)を五境、そこに生じる欲を五欲(五塵)という。すなわち、眼(がん)、耳(じ)、鼻(び)、舌(ぜつ)、身(しん)という五つの感官(五根)から得られる五つの刺激(五境)、すなわち色(しき)、声(しょう)、香(こう)、味(み)、触(そく)に対して執著することによって生じる五つの欲望のことである。

具体的には、財欲(物欲)、性欲、食欲(飲食欲)、名誉欲、睡眠欲という五つの欲望がある。

それでは、本題に戻る。

①　**身念処（身随観）**

歩く、立つ、座るなど、身体動作に伴う感覚（センセーション）を中心に随観するのが、身念処（身随観）である。

②　**受念処（受随観）**

見る、聞く、嗅ぐ、味わう、触れるという五感の知覚にともなう苦受・楽受・不苦不楽受を随観するのが、受念処（受随観）である。

③　**心念処（心随観）**

喜ぶ、悲しむ、楽しむ、苦しむ、怒る、怨むという諸々の心理的現象を随観するのが、心念処（心随観）である。

心（意識）は、喜びの最中には喜びに翻弄され、怒りの最中には怒りに翻弄されるので、喜びや怒りを随観する（気づく）ことは非常にむずかしい。そのため、心念処（心随観）は難易度の高い瞑想である。

④　**法念処（法随観）**

意根によって知覚される概念を含む全ての存在を随観するのが、法念処（法随観）である。たとえば、思考、イメージ、疑念、五蘊（色・受・想・行・識）などを随観する。

ヴィパッサナー瞑想では、この「四念処（四念住）」（サティを入れるべき四つの対象）を随観することが、解脱する（涅槃に至る）ための唯一の方法（道）であると、「大念処経」（念処経）を解釈して

いる。
これは、仏陀や直弟子達の初期仏教（原始仏教）時代の解釈からは、大きく変化（逸脱）している。

「大念処経」（念処経）を、紹介したい。

四念処（四念住）法は、四つの瞑想法から成り立っている「三十七菩提分法」の一つである。非我観とか空観とか言われ、非我や空を覚るための瞑想法と言われている。

さらに四念処（四念住）法は、これだけでも涅槃に至る（解脱する）ことができる修行法（いわゆる一乗道）とされている。

四つの瞑想法とは、身観（身念住・身念処）、受観（受念住・受念処）、心観（心念住・心念処）、法観（法念住・法念処）である。

「念処経」に、次のように説かれている。

……比丘達、ここに有情の浄化、愁悲の超越、苦慮の消滅、理の到達、涅槃の作証の為に、此の一乗あり、即、四念処なり。四とは何ぞや。

曰く、ここに比丘、身に於いて身を随感し、熱心にして、注意深く、念持してあり、世間に於ける貪憂を除きてあり。

受に於いて受を随感し、熱心にして、注意深く、念持してあり、世間に於ける貪憂を除きてあり。

心に於いて心を随感し、熱心にして、注意深く、念持してあり、世間に於ける貪憂を除きてあり。

法に於いて法を随感し、熱心にして、注意深く、念持してあり、世間に於ける貪憂を除きてあり。

（是の如きを四念処という）

（一―三）ヴィパッサナー瞑想における「大念処経」（念処経）の解釈

（ヴィパッサナー瞑想における現代語訳）

比丘たちよ、この道は生きとし生けるものを浄らかにし、心配と悲しみを乗り超え、苦しみや憂いを無くし、聖なる道を得、涅槃を目の当たりに見るための唯一の道である。

このただ一つの道とは四つの念処（念住）である。


ヴィパッサナー瞑想では、解脱する（涅槃に至る）ための唯一の方法（道）であると「四念処（四念住）」を挙げながら、残念なことに、「四念処（四念住）」をただ単に、サティを入れるべき四つの対象としているだけである。

しかし、サティを入れるだけでは、解脱する（涅槃に至る）ことは絶対に出来ない。

サティを入れることで、心の状態(思い)には気づくことはできるが、そこまでである。

心の状態(思い)に気づいてから、解脱を妨げる原因となっている煩悩(我)を見究めて、そうして、煩悩(我)を解消できる方法によって、見究めた煩悩(我)を一つずつ解消・消滅するのである。これら一連の方法が仏陀の修行法であり、いくつかある仏陀の修行法の中の一つが、本来の「四念処(四念住)」なのである。

(二) 初期仏教における四念処(四念住)

初期仏教における本来の四念処(四念住)の説明は、第一章で簡単に述べているが、非常に重要なので、ここで詳しく説明したい。

(二—一) 初期仏教における「大念処経」(念処経)の解釈

(初期仏教を念頭に置いた筆者による現代語訳)

怒り・憎しみ・怨み・羨望・怖れ・妄想・偏見・自己限定などの煩悩(我)は、他の人々との関係の中で自分自身の心が造り出したものであり、常に自分の心を注意して煩悩(我)に気付き見抜いて、煩悩(我)を消滅するように熱心に努めなければならない。

そこで、煩悩(我)に気付き見抜くためには、常に自分(の心)をあたかも他人を観察するように気をつけて観察することを習慣づけ、日常生活における自分自身の考えや行動が、心の中にある煩悩(我)から出ていないかどうかを見究めていくことが大切である。

そうして、見つけ出した煩悩(我)を、大生命を感じながら大生命の力によって、一つずつ消滅させていく。

という意味である。

ここでは、四念住(四念処)法を、煩悩を消滅させる方法、すなわち心を浄化・強化する方法であると捉えて、もう少し説明したい。

怒り・憎しみ・怨み・羨望・怖れ・妄想・偏見・自己限定などの煩悩(我)は、他の人々との関係の中で自分自身の心が造り出したものであり、それに気付き見抜いた時点で、一時的だが現象(感情として表れた我・煩悩のこと)としては消え去ってしまう性質がある。

しかし、怒りの最中には怒りに翻弄され、怖れの最中には怖れに翻弄されて、自分自身を見失っている。そのため、怒りや怖れは心が造り出した煩悩(我)あることに気付かない。

たとえ気づいて自分自身を取り戻し平静に返っても、しばらくすると再び怒りや怖れに翻弄されてしまいがちである。

その理由は、煩悩(我)の本体が心の奥に頑強に居座っているためである。

（二―二）　初期仏教における四念処（四念住）の基本のやり方

怒りや怖れなどの煩悩（我）に翻弄されない方法として、多くの知識人により様々な方法が紹介されている。

しかし、それらはいずれも、現象として現れた怒りや怖れなどの煩悩（我）に翻弄されないようにするための方法である。

それに対して、四念処（四念住）法は、心の奥に居座っている煩悩（我）の本体そのものを消滅させる方法である。そこで、四念処（四念住）法とは、

①．まず最初に、自分の心の中にある煩悩（我）に気付き見抜く。

煩悩（我）に気付き見抜くためには、日頃から自分（の心）を、あたかも他人を観察するように気をつけて観察することを習慣づけ、日常生活における自分自身の考えや行動が、心の中にある煩悩（我）から出ていないかどうかを見究めていくことが必要である。

何故なら、心が煩悩（我）に占有されている限り、考えや行動は煩悩（我）に左右され、適切な判断や行動をとることが出来ないからである。すなわち、心の中に煩悩（我）がある限り、智慧は充分には働かない。

そのため、誤った判断や行動をとってしまう場合が少なからずある。その結果、自分が傷つき、周りの人達も傷ついてしまうことが多い。

そして何よりも、心の中に煩悩（我）がある限り、「輪廻」からの解脱は不可能である。

自分の心の中にある煩悩（我）に気付き見抜くための方法として、マインドフルネス（正念）が活用（採用）されているのである。

②．**身観（身念住・身念処）　「身体、自分の行動は不浄である」と認識して瞑想する。**

例えば、日常生活において、他の人々との関係の中で、つい相手を傷つけたり悲しませたりする。自分の願望（欲望）を達成する際に、自分はそんなつもりではなかったのに、結果的に他の人々を傷つけたり悲しませたりすることがある。

さらに、他の生物（野菜、果物、魚、牛、豚など）を食することなしには生きていることができないことなどを考えることで、「身体、自分の行動は不浄である」と認識していく。

③．**受観（受念住・受念処）　「感受作用は苦である」と認識して瞑想する。**

例えば、日常生活において相手の言動を誤解し、相手を傷つけたり悲しませたことを思い出すことで、「感受作用は苦である」と認識していく。

④．**心観（心念住・心念処）　「心は無常である」と認識して瞑想する。**

例えば、日常生活での他の人々との関係の中で、心は怒り・憎しみ・怨み・羨望・怖れ・妄想・偏見・自己限定など様々に変化し、そのことで自分が苦しみ相手を傷つけたりすることがある。このように「心は無常である」と認識していく。

⑤.法観（法念住・法念処）

「法は無我であり、この世の法則である」と認識して瞑想する。「この世の法則」すなわち「大生命」に、「煩悩（我）の消滅」の思いを込めて瞑想する。または、瞑想して思いを込める。

例えば、ボールが台の上に置いてあるとする。永久にその状態にあることはない。時間が経つと、ボールは古くなり、ついには壊れてしまう。またボールを取って投げると、ボールは運動法則通りに放物線を描いて飛んでいく。

この世の全ての物や出来事は、厳格な法則通りに生起し、法則通りに変化し消滅する。同じように、心の中にある煩悩（我）も、法則通りに生起し、法則通りに変化し消滅する。その法に、「煩悩（我）の消滅」の思いを込めて瞑想する。または、瞑想して思いを込める。法とは、「この世を成り立たせている法則、力」すなわち「大生命」のことを表している。

怒りや憎しみ（煩悩）を、ただ消し去ろうと努めるだけでは消すのは難しい。それは、消し去るのではなく表面に出ないように抑えつけているにすぎない。心の奥に押し込めているにすぎない。

一時的には抑えることができても、何かの拍子でまた表面に出てくる。

心の奥に居座っている煩悩（怒りや憎しみ）を消し去るためには、

ステップ1.心の状態（思い）を常に客観的に注意して、煩悩（プログラム）を見究める

ステップ2.煩悩（プログラム）をただ抑え込むのではなく、書き換える

四念処(四念住)法を修することとは、ここでいうステップ1とステップ2を修することである。
ステップ1が①に相当し、「煩悩(我)を見究めるための方法……四念処法の前半部分」である。
ステップ2が②～⑤に相当し、「煩悩(我)を解消するための方法……四念処法の後半部分」である。

(三)　仏陀の修行の前提条件である四正勤という戒行の実践

解脱を達成(成就)するためには、言うまでもなく達成(成就)するまで修行を続けることが必要不可欠である。途中でスランプ(修行の成果不振)に陥ったとしても、解脱の達成(成就)という目的をあきらめることなく、修行を続けることが必要不可欠である。すなわち、解脱に向けての修行に「精進」することが必要不可欠である。何かを成し遂げるためには、「精進」することが必要不可欠な条件なのである。

ここで、あらためて「精進」の意味を確認したい。

「精進」の「精」は、一つのことに集中して、ひたすら努力することを意味している。実践し続けることを意味している。

「精進」の「進」は、前に進むこと、上の段階に進むことを意味している。

以上のことから、「精進」は、一つの目標・目的に集中して、ひたすら努力し、目標・目的に向かって前に進むこと、目標・目的に近づくことを意味している。


以上の説明で「精進」の必要性や意味は理解できたとしても、はたして、実際に精進できるかどうかは全く別問題である。

私達は、一時的に実行しようという意欲はあったとしても、さらに実行を開始したとしても、そのまま実行(実践)し続けることができるとは限らない。実行し続けることができるためには、その前提として必要な条件(前提条件)がある。


前提条件は何かというと、いくつか考えられるが、ここでは以下の3点を挙げたい。
① 規則正しい生活　：起床、就寝、行動(仕事)、食事、休憩、趣味・娯楽など
② 正しい行為　　　：正しい言葉使い、正しい行動(法律的にも、倫理的にも)
③ 正しい思い・考え：物事の正しい認識、正しい思惟(思考、考え)

これらの3点が整っていないと、「精進」することは難しいのである。

一時的には実践(実行)できたとしても、実践し続けることは難しい。

①〜③を一つずつ見ていきたい。

・①の規則正しい生活だが、これが出来ていないと、実践すら覚束ないだろう。
　例えば、起床時間や就寝時間がある程度一定していないと、仕事でもスポーツでも何でもそうであるが、決まった時間に常に開始することは相当難しくなるだろう。

就寝時間がバラバラで、就寝時間がひどく遅い場合には、睡眠不足になるだろう。睡眠不足でも、二日三日は我慢することは出来るだろうが、何日も続けることは難しい。それ以前に、睡眠不足だと仕事でもスポーツでも期待する効果を得ることは望めない。

　食事にしても同じで、食事の時間が定まっていないと仕事やスポーツの時間も定まらない。仕事やスポーツの時間に間に合うように、食事を前後にずらしたり、食事を途中でやめたり、食事を抜いたりすると、仕事やスポーツの途中で空腹になって体力が続かないし、こういう事が長く続くと、遂には健康を害してしまう。

　趣味・娯楽がゲームなどの場合は、熱中しすぎてゲームを長時間行なってしまうと、仕事やスポーツなどの実践する時間が不足してしまう事態が生じる。

　また、趣味・娯楽が賭け事や酒色などの場合は、仕事やスポーツなどの実践意欲が次第に失われていく。

・②の正しい行為(正しい言葉使いや行動)だが、これがまともに出来ていないと、何かを実践することは難しい。
　たとえ実践を試みたとしても、周囲の人達(関係者)とトラブルを起こし易く、そのうち中断や中止の事態に陥りかねない。

・③の正しい思い・考えだが、これも同じく出来ていないと、何かを実践することは難しいと思う。

たとえ実践を試みたとしても、目的や意義に対して疑問が生じたり、実践の効果に疑問や不満が生じるなどして、そのうち中断や中止になる可能性が高い。

これらの3点がある程度整っていないと、短期間の実践でさえ難しいと思われる。ましてや「精進」するためには、これらの3点がきちんと整っていないと無理である。

「精進」するためには、①の規則正しい生活、②の正しい行為、③の正しい思い・考えを、常に心掛けて行動する必要がある。

言葉を替えると、自分の行為に目を配り、自分を戒めて行動する必要がある。

すなわち、「精進」とは「戒」行のことでもある。

仏陀の修行法でいうと、「四正勤」のことである。

(四) 煩悩(我)を見究めるための方法……四念処法の前半部分

煩悩(我)を見究めるための方法について説明したい。

「心の状態(思い)を常に客観的に注意して、煩悩を見究める」ことができるようになるためには、初心者の段階（初級課程）から上級者の段階（上級課程）までの方法を、順番に段階的に訓練して習得する必要がある。

ここでは、その段階的な訓練方法を紹介したい。

第一課程　四正勤（戒行）の実践

四正勤（四正断）の実践方法については、筆者の著書「四正勤法」に詳細に解説しているので、ぜひ参照してほしい。

ここでは、必要不可欠な〔実践の基本〕について説明したい。

〔実践の基本〕　運命（幸福と不幸）と運命の成り立ちと煩悩（我）を常に意識する

次に示す「運命（幸福と不幸）と運命の成り立ちと煩悩（我）の関係」を常に意識する。

(1) 仏陀が説かれるように、私達の苦しみや不幸は、心の中にある煩悩（我）によって生じる。その結果、煩悩（我）を多く出して人を傷つけ苦しめるほど、因縁果報（因果律）により、その後の人生は苦しみや不幸が多く生じてくるし、逆に煩悩（我）を抑えて人を助けて喜ばれるほど、その後の人生は苦しみや不幸が少なくなり、楽しみや幸福が多くなる。

すなわち、運命とは人の意志をこえてやってくる身の上に起こる出来事、幸福、不幸を言うが、それは人間一人一人の心（意識）に内臓されている煩悩（我）によって具現化されるのである。

(2) 書経の太甲篇に、〝天が下す災いは避けることができるが、自分がつくった罪科による災難は避けることができない〟とある。

そうであるならば、自分がつくった善行による幸福は必ず得られることになる。

(3) 易経に、〝積善の家には必ず余慶あり、積不善の家には必ず余殃(よおう)あり〟とある。

自分がつくった善行による慶福(幸福)は必ず得られるだけではなく、余慶とあるように、自分から溢れて子孫に及ぶほどの有り余る慶福(幸福)となって現れる。

自分がつくった悪行の影響(報い)も、同じように自分だけでなく子孫にまで及ぶ。

(4) この世(物質世界、3次元世界)での行為は、まず自分の心で思い(想念し)、時間を経過(時には瞬時、時には数日、時には数年)して肉体的に行為に及ぶ。

ついうっかりした行為や魔が差した行為も、その行為以前に自分の心で想念している。

そして、自分が行なった行為は、ある時間(時には瞬時、時には数年)を経過してから、その行為に応じた結果(報い)をもたらす。

自分の行為に応じた結果(報い)はすぐには現れないために、人は誰でも自分の欲するままについ行動してしまう。

例えば、自分の欲望や感情のままに、周囲の眼も気にすることなく、他の人をいじめたり傷つけたりしてしまう。

それとは別に、悪さ（悪行）をしても誰にも気づかれなければ大丈夫だと思い、誰にも気づかれないように巧妙な形で、自分の欲望を叶えようと悪さ（悪行）をしてしまう人もいる。

そうであるからこそ、⑴～⑷を常に意識するようにしなければならない。

もし⑴～⑷を意識するようになれば、欲望や感情のままに行動することは控えるようになる。自分の利益だけではなく、他の人を助けたり、他の人のためになる事も考慮し、判断し、選択し、そして行動するようになる。

さらに、優先的に他の人のためになるように考慮し、判断し、選択して行動するようになる。

第二課程　過去に犯した罪を思い出して懺悔する

過去に犯した罪を思い出して懺悔することは、煩悩（我）を見究めたいと望む者にとっては最も必要不可欠なことである。

ここで言う罪は、法律上の罪ばかりでなく、相手の心や気持を傷つけた事まで含む広い意味での悪行為を指す。素直で心優しい人ほど、過去に犯した罪が何かの拍子に記憶としてよみがえり、後悔とか後ろめたい気持にさせる。

〝煩悩（我）を解消したい〞、〝煩悩（我）を見究めたい〞と望む者は、どちらかと言えば、素直で心優しい人が多い。そうでなければ、〝煩悩（我）を解消したい〞とか〝煩悩（我）を見究めたい〞とは、決して思うことはないだろう。

後悔とか後ろめたい気持が強い場合には、それが夢に現れることがある。そういう状態では、毎日の生活(仕事でも勉学でも趣味でも)において、何らかのマイナスの影響を受け易い。後悔とか後ろめたい気持が強い場合には、煩悩(我)を見究めるどころではないのである。

その訳は、罪(法律上の罪、倫理上の罪を問わない)を犯してから、罪を犯したといったん自覚してしまうと、たとえ、その後で心(表層意識)で強く否定したとしても、または心(表層意識)で強く忘れようと努力したとしても、心の中(潜在意識・深層意識)には「罪の意識」が明確に刻印されているからである。

それでは何故、心の中(潜在意識・深層意識識)に「罪の意識」が明確に刻印されるのかは、その理由は、そのメカニズムは、それは心の最深奥部(深層意識の最も奥)に、〝仏性〟と言われている〝良心〟が誰にでもあるからなのである。

「この良心には、大生命が流れ込んでいる」とも言えるし、「この良心には大生命まで繋がっている通路がある」と言うこともできる。

煩悩が少ない人ほど、良心すなわち仏性は、より大きく、より輝いている。また、自分の思いが真剣なほど、自分の思いは相手(の心)に通じ易くなるのである。

そして、たとえ煩悩が多い人でも、真心を尽くして懺悔すると、その瞬間に、その真剣さに応じて仏性は大きくなり、仏性は輝いてくる。

そのため、誰かに赦しを乞う時には、その相手(の心)に通じ易くなるのである。そればかりでなく、同時に自分の心(意識)から〝罪の意識(罪悪感)〟が次第に消え去っていく。

そうであるからこそ、〝罪の意識〟を解消するためには、真心を尽くして懺悔し、何らかの損害・損失を与えた相手が近くにいる場合には、出来るだけ早く相手に謝罪し弁償することである。相手が近くにいても、「これまで罪を犯したことを相手に対して一切認めず強く否定しているので、今さら相手に謝罪するのは恥ずかしいとか、みっともない」などと考えて、どうしても相手に謝罪することができない場合には、真心を尽くして懺悔し、相手に対して罪滅ぼしのために、少なくともそれ相応の利益を相手が得られるように、陰ながら手配(弁償)することである。

そういう〝罪ほろぼし〟と言うか、〝相手に与えた損害賠償〟を行なわないでいると、自分自身は勿論のこと、家族や子孫も、そのうち何らかの災厄に見舞われることになる。

そういう意味でも、まずは最初に、過去に犯してきた様々な罪を思い出して、真心を尽くして懺悔するのである。

(手順1)　座禅(結跏趺坐や半跏趺坐)でも、正座でも、椅子に座ってもいいが、とにかくリラックスして、幼少時から現在までを振り返ってみて、自分が過去に犯した罪を出来る限り多く思い出す。

ここで言う罪は、法律上の罪ばかりでなく、相手の心や気持を傷つけた事まで含む広い意味での悪行為を指す。

（手順2） 次に、自分が過去に犯した罪を古いものから順番に一つずつピックアップする。そして、その行為を行なった時の状況や自分の感情を思い出す。当時の記憶を、出来るだけ詳しく、イメージ（映像）化して思い出す。

例えば、

① 相手（他人）から傷つけられたと勘違いして、怒りがこみ上げてきて、復讐心から相手を傷つけてしまった。

② 相手が傷つこうが損害を被ろうがお構いなしに、ただ自分の利益になるという我欲に駆られて、その行為を行なった。

③ 自分の仲間の利益になると思い、仲間からの感謝や称賛を得るために、相手を傷つける行為を行なった。

④ 相手が勉強や仕事や恋愛に成功しそうになると、嫉妬心から手助けを拒否したり、または成功しないように邪魔をした。

⑤ 相手のことは考えずに、ただ自分の欲望を満たすために行動し、その結果相手を傷つけてしまった。

など、

（手順3） 次に、自分が過去に犯した罪のそれぞれに対して、相手（当事者）は勿論のこと、関係者に対しても、心の中で深く謝罪する。

もし、今でも当時の相手と話す機会があれば、折を見て、当時の罪を謝罪するとよい。

もし、当時の相手と話す機会があっても、恥ずかしいなどの煩悩(我)により、それがどうしても出来ない場合には、相手に対して、それ相応の利益を相手が得られるように、陰ながら手配(弁償)することである。

もし近くに当時の相手がいない場合には、罪滅ぼしのために、困窮している人達に対して、それ相応の積徳・積善を行なうことである。

その際、相手の代わりに自分が積徳・積善を行なうのだと自分自身に言い聞かせることで、すなわち自分の積徳・積善の行為を相手に回向することで、相手が積徳・積善の行為を行なったことになり、その結果、相手に対する罪が何割かは軽減される。


第二課程は1回だけ行なえばよいというものではなく、まずは1週間ほど毎日1回は行なう。できれば、1か月ほど毎日1回は行なうとよい。

それ以降は、思い出した時に行なうとよい。


繰り返し行なうことで、当時の記憶も少しずつ甦ってくる。

第三課程、第四程……と上級課程に進んでからも、時々行なうことが重要である。習慣化することである。

尚、相手への罪滅ぼしが完了したかどうかは、次第に自分でも分かってくるようになる。

第三課程　過去を振り返り、自分の悪い性格や欠点を自覚する

(手順1)　自分が過去に罪を犯した時の、自分の行動や思いや感情を思い出す。当時のことを、出来るだけイメージ(映像)化して思い出す。ここで言う罪は、法律上の罪ばかりでなく、相手の心や気持を傷つけた事まで含む広い意味での悪行為を指す。

(手順2)　その時の、自分の悪い性格や欠点を出来るだけ多く思い出す。自分の悪い性格や欠点が、自分の煩悩(我)の一部である。

第二課程と第三課程を実践することで、日頃からはっきりと認識していた自分の悪い性格や欠点はもちろんのこと、自分があまり認識していなかった悪い性格や欠点すなわち自分の煩悩(我)の一部もはっきりと自覚できるようになる。自分があまり認識していない悪い性格や欠点すなわち煩悩(我)は、誰でも必ずいくつかは持っている。

そういう自分があまり認識していない悪い性格や欠点すなわち煩悩(我)を、第四課程のプログラムを実践することで、全てはっきりと自覚できるようにする。

それは、日常生活における自分自身の考えや行動を、あたかも他人を観察するように気をつけて観察することで、自分がそれまであまり認識していなかった悪い性格や欠点、そして煩悩(我)を、はっきりと自覚できるようにする。

第四課程　マインドフルネス(気付きの瞑想)

マインドフルネス瞑想は、多くの指導者達によって様々な方法が提案されているが、ここでは、四念処法を念頭に置いた方法と手順を次に示す。

行なう時間は、最初は1日に1回10分間ほどの短い時間から始める。

慣れてくるのに従って、1日に2回、3回と回数を増やし、時間も15分間、20分間と延ばしていく。

●実践その1　身念処(身随観)

これは、今この瞬間の身体の動きに気づいて(サティを入れて)、気づいたことを、一つずつ言葉で確認(ラベリング)していく作業(実践方法)のことである。

尚、口に出しても、出さなくても(すなわち内語でも)、どちらでも構わない。上座部仏教で言うところの、ヴィパッサナー瞑想と同じである。

私達は誰でも、心の奥(潜在意識・深層意識)に記録されている様々な思い(記憶や煩悩)が、何かの拍子で、心の表面(表層意識)に湧き出てくる。

そして、時には、その思いに引きずられてしまい、怒りや憎しみや後悔や悲しみ、場合によっては、懐かしさや喜びなどで心は乱され、今やっている仕事とか勉強とかスポーツなどが中断されることが少なくない。

しかし、心（意識）は、同時に二つのことを考える（思う）ことは出来ない。心（意識）は、同時に二つの思い（考え）に占有されることはないのである。

そのため、今この瞬間の身体の動きに気づいて（サティを入れて）、気づいたことを、一つずつ言葉で確認（ラベリング）していく作業（実践方法）を行なうと、湧き出てきた様々な思い（記憶や煩悩）は消え去り、心の乱れは収まる。

この身念処（身随観）を実践していくに従って、心の乱れが起こる頻度が減少してくる。そして、心の乱れが起こったとしても、その場で身念処（身随観）を実践することで、心の乱れは直ちに収まり、素早く立ち直ることができるようになる。

（手順1） 最初は、歩く動作で行なってみる。

右足から歩を進める際、太ももの筋肉で足を上げる時の太ももの筋肉の緊張、膝が曲がるときの関節の動き、一歩踏み出し着地した時の右足の足裏に感じる圧力など、細かく気づいて（サティを入れて）、気づいたことを、一つずつ言葉で確認（ラベリング）していく。

そのため、最初は、動作をゆっくりと行ない、慣れるに従って、少しずつ動作を早めていく。同様に、左足、右手、左手と行なっていく。

最初は、右足だけ、左足だけと、個別に行ない、慣れるに従って、右足と左足の両方で行ない、さらに右足と左足および右手と左手の四肢全部で行なっていく。

ここまでを、ゆっくりとした散歩の速さでも出来るようになるまで何回でも繰り返す。

実施に当たっては、公園とか広場など、散歩の途中で行なうことをお勧めする。

話は変わるが、人によっては、この訓練を繰り返していくと、慣れるに従って、右足と左足および右手と左手の四肢で、気（のエネルギー）の感覚、気（のエネルギー）の流れの感覚が分かってくることがある。

そのため、（手順1）の訓練は、〝気功法の訓練を兼ねている〟と言っても良いだろう。

筆者の第一作目「四神足瞑想法」の第六章、第一課程の「気のエネルギーを感知する技法」も並行して訓練すると、速やかに気（のエネルギー）の感覚、気（のエネルギー）の流れの感覚が分かるようになってくる。

（手順2）

（手順1）をスムーズに出来るようになったら、次は、もっと複雑な動きで行なう。

例えば、スポーツの動作、踊りの所作、太極拳の動作など。

実施要領は、（手順1）に準ずる。

勿論、ゆっくりとした動きで行なう。

また、（手順2）の訓練も、〝気功法の訓練を兼ねている〟と言っても良いだろう。

（手順3）

（手順2）が出来るようになったら、日常生活における動作（家事や手伝いなど）で行なう。

実施要領は、（手順1）に準ずる。

勿論、ゆっくりとした動きで行なう。

●実践その2　受念処（受随観）

これは、今この瞬間に感じる色・声・香・味・触・法の六境の内の、色・声・香の三境、すなわち、目に見える色彩と形象、耳に聞こえる音声、鼻に匂う香りに気づいて（サティを入れて）、気づいたことを、一つずつ言葉で確認（ラベリング）していく作業（実践方法）のことである。尚、口に出しても、出さなくても（すなわち内語でも）、どちらでも構わない。

これらの三境、〝目に見える色彩と形象〟と〝耳に聞こえる音声〟と〝鼻におう香り〟は、寝ている時以外は常に感知している。そして、〝耳に聞こえる音声〟は、後ろの方で発声されても聞こえてくるので、おそらく一番敏感に感知しているものと思われる。

そこで最初に、〝耳に聞こえる音声〟から行なってみる。実施に当たっては、散歩の時に行なうことをお勧めする。

さらに、「身念処（身随観）」の実践（手順1）の時に行なうことをお勧めする。

①〝耳に聞こえる音声〟で行なう受念処（受随観）

（手順1）　散歩の時に立ち止まるか、または公園や広場のベンチなどに腰かける。そして、耳に聞こえる音声に注意を向ける。

例えば、車が通る音に気づいて(サティを入れて)、気づいたことを、一つずつ言葉で確認(ラベリング)する。「後ろで、車が通る音」など。

次に、続いて聞こえてくる音(例えば子供たちの歓声)に気づいて(サティを入れて)、気づいたことを、一つずつ言葉で確認(ラベリング)する。一つの言葉とは、例えば、「子供たちの歓声」とか「子供の声」など。

このように、次々に聞こえてくる様々な音声に気づいて(サティを入れて)、気づいたことを、一つずつ言葉で確認(ラベリング)する。これを、しばらく続けて、スムーズに出来るようになるまで行なう。

(手順2)

(手順1)が出来るようになったら、「身念処(身随観)」の(手順1)を行ないながら、絶えず耳に聞こえてくる音声で実践する。

そのやり方は、例えば、

今、歩行の動作に気づいて(サティを入れて)、気づいたことを、一つずつ言葉で確認(ラベリング)している。

ちょうどその時、突然、犬の吠える声(ワンワン)が聞こえたとする。その場合には、歩行の動作から、すぐに犬の吠える声(ワンワン)に対象を移して、サティを入れて、一つの言葉で確認(ラベリング)する。一つの言葉とは、例えば、「ワンワン」とか「犬が吠える」とか「犬の鳴き声」など。これが、音声で行なう受念処(受随観)である。

（手順3）　犬の吠える声（ワンワン）がやんだら、すぐに歩行の動作に対象を戻して、そして、歩行の動作による身念処（身随観）を再開する。

次に、同じように、〝目に見える色彩と形象〟で行なってみる。

②　〝目に見える色彩と形象〟で行なう受念処（受随観）

（手順1）　散歩の時に立ち止まるか、または公園や広場のベンチなどに腰かける。そして、周囲の風景に注意を向ける。

例えば目の前に、黄色に色づいた葉っぱが生い茂った、イチョウ並木があったとする。そのイチョウ並木の生い茂った見事な黄色の葉っぱに気づいて（サティを入れて）、気づいたことを、一つずつ言葉で確認（ラベリング）する。「イチョウ並木の黄色の葉」とか「イチョウの葉の黄色」など。

次に、地面に少しだけ落ちているイチョウの落葉に気づいて（サティを入れて）、気づいたことを、一つずつ言葉で確認（ラベリング）する。

このように、次々に見えてくる様々な風景に気づいて（サティを入れて）、気づいたことを、一つずつ言葉で確認（ラベリング）する。これを、しばらく続けて、スムーズに出来るようになるまで行なう。

（手順2）　（手順1）が出来るようになったら、「身念処（身随観）」の（手順1）を行ないながら、絶えず目に飛び込んでくる様々な色彩と形象で実践する。

そのやり方は、例えば、

今、歩行の動作に気づいて（サティを入れて）、気づいたことを、一つずつ言葉で確認（ラベリング）している。

ちょうどその時、ピンクの服を着た女の子が歩いてきたとする。その場合には、歩行の動作から、すぐにピンクの服を着た女の子に対象を移して、サティを入れて、一つの言葉で確認（ラベリング）する。

一つの言葉とは、例えば、「ピンク」とか「ピンクの服」とか「ピンクの服の女の子」など。

（手順3）　ピンクの服を着た女の子が通り過ぎたら、すぐに歩行の動作に対象を戻して、そして、歩行の動作による身念処（身随観）を再開する。

これが、色彩と形象で行なう受念処（受随観）である。

次に、同じように、〝鼻に匂う香り〟で行なってみる。

すなわち、鼻に匂う香りで行なう受念処（受随観）である。

やり方は、〝耳に聞こえる音声〟で行なう受念処（受随観）に準ずる。

●実践その3　心念処（心随観）

これは、今この瞬間に感じる色・声・香・味・触・法の六境の内の、法の一つの意味合い（解釈）であるところの、意識（心）によって知覚される〝様々な思い（記憶や想念）〟や〝感情〟に気づいて（サティを入れて）、気づいたことを、一つずつ言葉で確認（ラベリング）していく作業（実践方法）のことである。

当然ながら、口に出しても、出さなくても（すなわち内語でも）、どちらでも構わない。

実践その1と**実践その2**の実施により、サティとラベリングの方法には習熟していると思うので、**実践その3**も必ず実践できるはずである。

思い（記憶や想念）や感情、すなわち、喜ぶ、悲しむ、楽しむ、苦しむ、怒る、怨むという諸々の心理的現象を随観するのが心念処（心随観）であるが、心（意識）は、喜びの最中には喜びに翻弄され、怒りの最中には怒りに翻弄されるので、喜びや怒りを随観する（気づく）ことは非常にむずかしい。そのため、心念処（心随観）は難易度の非常に高い瞑想である。

この心念処（心随観）により、心（意識）の奥に居座っている煩悩（我）を見究めていく。

（手順1）　背もたれが真っ直ぐな椅子に座るか、もしくは、床に脚を組んで座る。
結跏趺坐、半跏趺坐、正座のいずれでも構わない。

勿論、クッションを利用しても構わない。

（手順2） 次に、体をゆっくりと4、5回ほど前後左右に動かして体の力みを取り除いて、心身ともにリラックスする。

（手順3） 次に、目を完全に閉じる。

目を完全に閉じないで、少し開ける（半眼にする）というやり方もあるが、ここでは目を完全に閉じる。

その理由は、目を完全に閉じることで、心の奥（潜在意識・深層意識）に記録されている様々な思い（記憶や煩悩）を、あえて心の表面（表層意識）に湧き出てくるようにするためである。

（手順4） 次に、息を吸ったり吐いたりする〝呼吸〟に注意を向ける。

ここで、ラベリングを行なう。

- 息を吸ったら「（息を）吸った」と、口には出さずに、心の中で言葉に出して認識する。
- 息を吐いたら「（息を）吐いた」と、口には出さずに、心の中で言葉に出して認識する。

この時、呼吸をコントロールしようとせず、自分の自然な呼吸にただ気づいているというつもりで注意を向ける。

（手順5）

しばらく（手順4）を行なったならば、〝呼吸〟に注意を向けることをやめる。

そして、何も思わずに、無心になることを目指す。

そうすると、気になっている事や過去の記憶などが心に浮かんでくる。

すなわち、心の奥（潜在意識・深層意識）に記録されている様々な思い（記憶や想念）や感情が、心の表面（表層意識）に湧き出てくる。

ここでも同じように、ラベリングを行なう。

・友達を思い出したら、「誰々さんを思い出した」とか、「友達を思い出した」と、口には出さずに、心の中で言葉に出して認識する。

・嫌な出来事を思い出したら、「何々を思い出した」と、口には出さずに、心の中で言葉に出して認識する。

この場合にも、それにとらわれずに、心に浮かぶまま、湧き出てくるままにする。

すなわち、自分を外から見るように（または他人を見るように）、心に浮かんでくる様々な思い（記憶や想念）や感情をただ受け流す。

これがうまく出来るか出来ないかが、非常に重要である。

最初はうまく出来なくても、何回でも繰り返すうちに出来るようになる。

そのため、手順1〜手順5を何回でも繰り返す。

(手順6) 気になっている事や様々な思い(記憶や想念)が心に浮かんできた場合は、少なくとも5~10分は、それにとらわれずに心に浮かぶままにする。

その時の心に浮かんできた、〝気になっている事や様々な思い(記憶や想念)〟が、自分の性格や心の欠点すなわち煩悩を示唆している場合が少なからずある。

心に浮かぶ回数が多いほど、その〝気になっている事や様々な思い(記憶や想念)〟は強く深く心に刻まれていることを意味している。

そして、心に浮かぶと同時に、怒り、憎しみ、怨み、欲望、後悔などの感情(思い)が強く湧き上がるならば、それがまさしく自分の煩悩(我)である。

第七章　煩悩（我）を解消するための方法

……四念処法の後半部分

第七章　煩悩（我）を解消するための方法
……四念処法の後半部分

第六章で解説したように、四念処法に説かれている「煩悩（我）を見究めるための方法」は、第一章で説明した「ステップ1」と「ステップ2」の内の「ステップ1」に相当する。そして、「念」（サティ、マインドフルネス）を活用する方法であった。

さらに、そこで言う「念」（サティ、マインドフルネス）とは、第二章で説明したところの、〝二つ目の「念」〟のことであり、煩悩（我）を見究めて、そして排除するために特別に考案された、仏陀の修行法の基盤とでも言うべきもので、〝常に今この瞬間の体験を意識する心の働き（心の作用）〟のことであった。

これから第七章で解説する「煩悩（我）を解消するための方法」は、第一章で説明した「ステップ1」と「ステップ2」の内の「ステップ2」に相当する。

そして、その方法は、「想念エネルギー」という第二章で説明したところの〝一つ目の「念」〟を活用する方法のことを言うが、ただし煩悩（我）は極力出さない「祈り」を活用する方法である。

それ以外にもう一つ、「気」（気のエネルギー）を活用する方法がある。

ただし、「気」(気のエネルギー)を活用する方法は、気功法をある程度習得している必要がある。

ステップ1．心の状態(思い)を常に客観的に注意して、煩悩(プログラム)を見究める。

ステップ2．煩悩(プログラム)をただ抑え込むのではなく、書き換える。
または、煩悩(プログラム)を消去する。

(一)　初期仏教における四念処(四念住)の基本のやり方

初期仏教における四念処(四念住)法は、心の奥に居座っている煩悩(我)の本体そのものを消滅する方法である。

重要なので、ここでも繰り返して述べる。

①．まず最初に、自分の心の中にある煩悩(我)に気付き見抜く。

煩悩(我)に気付き見抜くためには、日頃から自分(の心)を、あたかも他人を観察するように気をつけて観察することを習慣づけ、日常生活における自分自身の考えや行動が、心の中にある煩悩(我)から出ていないかどうかを見究めていくことが必要である。

何故なら、心が煩悩(我)に占有されている限り、考えや行動は煩悩(我)に左右され、適切な判断や行動をとることが出来ないからである。すなわち、心の中に煩悩(我)がある限り、智慧は充分には働かない。

そのため、誤った判断や行動をとってしまう場合が少なからずある。その結果、自分が傷つき、周りの人達も傷ついてしまうことが多い。

そして何よりも、心の中に煩悩(我)がある限り、「輪廻」からの解脱は不可能である。

自分の心の中にある煩悩(我)に気付き見抜くための方法として、マインドフルネス(正念)が活用(採用)されているのである。

②.身観(身念住・身念処)　「身体、自分の行動は不浄である」と認識して瞑想する。

例えば、日常生活において、他の人々との関係の中で、つい相手を傷つけたり悲しませたりする。自分の願望(欲望)を達成する際に、自分はそんなつもりではなかったのに、結果的に他の人々を傷つけたり悲しませたりすることがある。

さらに、他の生物(野菜、果物、魚、牛、豚など)を食することなしには生きていることができないことなどを考えることで、「身体、自分の行動は不浄である」と認識していく。

③.受観(受念住・受念処)　「感受作用は苦である」と認識して瞑想する。

例えば、日常生活において相手の言動を誤解し、相手を傷つけたり悲しませたことを思い出すことで、「感受作用は苦である」と認識していく。

④．心観（心念住・心念処）　「心は無常である」と認識して瞑想する。

例えば、日常生活での他の人々との関係の中で、心は怒り・憎しみ・怨み・羨望・怖れ・妄想・偏見・自己限定など様々に変化し、そのことで自分が苦しみ相手を傷つけたりすることがある。このように「心は無常である」と認識していく。

⑤．法観（法念住・法念処）　「法は無我であり、この世の法則である」と認識して瞑想する。

例えば、ボールが台の上に置いてあるとする。永久にその状態にあることはない。時間が経つと、ボールは古くなり、ついには壊れてしまう。またボールを取って投げると、ボールは運動法則通りに放物線を描いて飛んでいく。

この世の全ての物や出来事は、厳格な法則通りに生起し、法則通りに変化し消滅する。

同じように、心の中にある我（煩悩）も、法則通りに生起し、法則通りに変化し消滅する。その法に、「煩悩（我）の消滅」の思い（祈り）を込めて瞑想する。または、瞑想して「煩悩（我）の消滅」の思い（祈り）を込める。法とは、「この世を成り立たせている法則、力」すなわち「大生命」のことを表している。

（二）　煩悩（我）を解消する方法

煩悩（我）を解消するためには、初心者の段階（初級課程）から上級者の段階（上級課程）までの方法を、順番に段階的に訓練して習得する必要がある。

ここでは、その段階的な訓練方法を紹介したい。

第一課程　身観（身念処）による煩悩（我）を解消する方法

（手順1）　座禅（結跏趺坐や半跏趺坐）でも、正座でも、椅子に座ってもいいが、とにかくリラックスして心身を整える。

出来れば、第一章で説明した、釈尊が語っている「広大で纏わりつかない心（意識）」の状態になるまで心身を整える。

以下に、再度、釈尊が語っている「広大で纏わりつかない心（意識）」の状態を記す。

わたしの意欲は精勤に過ぎるということはなく、
また退縮に過ぎるということはなく
内側に収まることとなく
外側に散らばる事はなく、
前後に想があって静寂であり、
左右に想があって静寂であり、
後ろは前のように
前は後ろのように

右は左のように
左は右のように
上は下のように
下は上のように
夜は昼のように
昼は夜のようになっている状態でなければならない。
すなわち、このように広大で纏わりつかない心（意識）になっていなければならない。

（手順2）　次に、「自分の身体、自分の行動は不浄である」と、自分の心（意識）に言い聞かせて、10～20分間ほど瞑想する。

（手順3）　次に、日常生活において、他の生物（野菜、果物、魚、牛、豚など）を食することとなしには生きていることが出来ないことを考えることで、「自分の身体は不浄である」と認識していく。

具体的な例としては、

①　野菜や果物は植物ではあるが、我々人間と同じように〝生命を持つ生き物〟である。その野菜や果物を食べるために、私達は野菜や果物の生命を奪っているのである。

②　同様に、魚や牛や豚や鳥も、我々人間と同じ〝生命を持つ生き物〟である。私達は、生命を維持するために、魚や牛や豚や鳥を殺して食べているのである。

（手順4）　次に、日常生活において、他の人々を傷つけたり悲しませたりしたことを、出来るだけ鮮明に思い出すことで、「自分の行動は不浄である」と認識していく。

具体的な例としては、

①　自分の願望（欲望）を達成するために、自分はそんなつもりではなかったのに、結果的に他の人々を傷つけたり悲しませたりしたこと。

②　自分の仲間の利益になると思い、仲間からの感謝や称賛を得るために、意識的に競争相手を傷つける行為を行なった。

③　ほかの誰かが、勉強や仕事や恋愛に成功しそうになると、嫉妬心から手助けを拒否したり、または成功しないように邪魔をしたりしたこと。

④　相手のことは考えずに、ただ目の前の自分の欲望を満たすために行動し、その結果相手を傷つけてしまったこと。

など、

（手順5）　（手順1）～（手順4）を、毎日、就寝前とか時間がある時に、繰り返し行なう。

（手順1）～（手順5）を繰り返し行なうことで、煩悩（我）は少しずつ解消していく。

・煩悩（我）が解消していくと、（手順4）の①～④に示した行為などが減少していく。

・そして、食事の際には、食べ物（野菜、果物、魚、牛、豚、鳥など）に対して、心の底から感謝の念（気持）が湧いて、「いただきます（ありがたく生命を頂きます）」と言葉に出したり、言葉には出さないが心の中（すなわち内語）で、感謝するようになってくる。

第二課程　受観（受念処）による煩悩（我）を解消する方法

（手順1） 座禅（結跏趺坐や半跏趺坐）でも、正座でも、椅子に座ってもいいが、とにかくリラックスして心身を整える。
出来れば、第一章で説明した、釈尊が語っている「広大で纏わりつかない心（意識）」の状態になるまで心身を整える。

（手順2） 次に、「自分の感受作用は苦である」と、自分の心（意識）に言い聞かせて、10～20分間ほど瞑想する。

（手順3） 次に、日常生活において、相手の言動を誤解し、相手を傷つけたり悲しませたことを鮮明に思い出す。

具体的な例としては、

① 日常生活において、相手の言動を誤解して、「相手は、心優しい思いやりのある人間だと思っていたが、実は自己中心的な、ひどい人間だった。」と見なしてしまい、その相手が困っていた時に、手助けせずに相手を無視して相手を避けた。

② 好意を懐いていた相手の言動を誤解して、「相手は、実は自分を嫌っているのだ。相手がそのつもりなら、二度と相手に好意は懐かないし、相手が近寄ってきても無視してやる。」と思って自分に誓い、実際にそのように行動した。

③ 自分を手助けするために行なった相手の好意を誤解して、「相手は、相手自身の保身のために、自分に対して様々な忠告をしたり苦言を呈するのだな。」と思ってしまい、相手に不幸なことが起きた時に、あえて相手に分かるように、「ざまぁーみろ」と言わんばかりに、相手の不幸をあからさまに喜んだ。

（手順4） 次に、日常生活において、「私達は誰でも、他人の好意や善意を受けることなしには生きていることが出来ないし、何も成し遂げることは出来ない」ことを考えて、さらに、「それなのに好意や善意を与えてくれる相手を誤解して、傷つけたり悲しませたりすることがある」などを考えることで、「自分の感受作用は苦である」と認識していく。

（手順５）　（手順１）〜（手順４）を、毎日、就寝前とか時間がある時に、繰り返し行なう。

（手順１）〜（手順５）を繰り返し行なうことで、煩悩（我）は少しずつ解消していく。

・　煩悩（我）が解消していくと、（手順３）の①〜③に示した行為などが減少していく。

・　そして、他人の好意や善意にすぐに気付くことが出来るようになってくるし、そればかりでなく、誰に対しても好意や善意を持つようになり、積善・積徳の行為がごく自然に出来るようになってくる。

第三課程　心観（心念処）による煩悩（我）を解消する方法

（手順１）　座禅（結跏趺坐や半跏趺坐）でも、正座でも、椅子に座ってもいいが、とにかくリラックスして心身を整える。

出来れば、第一章で説明した、釈尊が語っている「広大で纏わりつかない心（意識）」の状態になるまで心身を整える。

（手順2）　次に、「心は無常である」と、自分の心（意識）に言い聞かせて、10～20分間ほど瞑想する。

（手順3）　次に、日常生活での他の人々との関係の中で、心は怒り・憎しみ・怨み・羨望・怖れ・妄想・偏見・自己限定など様々に変化し、そのことで自分が苦しんだり、相手を傷つけたりすることがあることを、心（意識）に深く刻み込む。

具体的な例としては、

①　日常生活において、相手から好意や善行為を受けた場合、その時には相手に感謝するが、しばらく時間が経つと、相手から受けた好意や善行為を忘れてしまう。その後、同じ相手から悪意や不善行為を受けると、猛烈に怒り、怨み憎んで、仕返ししようと考えて、実際に仕返ししてしまう。このように、心は、「感謝」から「怒り・憎しみ・怨み」へと、すぐに変化してしまい、仕返しという悪行為（不善行為）を行なうハメになる。

②　A君から、彼が行なっている投資について「かなり儲かるので、君も一緒にやらないか」と、私に投資話を電話で持ち掛けてきた。その投資話を聞いてみると、かなり怪しく、詐欺ではないかと思われたので断った。そして、私はA君に「その投資話は詐欺と思われるので、すぐにやめた方が良い」と、逆に忠告した。

A君は怒って、「君にはもう何も紹介しない」と言って電話を切った。A君の心(感情)は、「嬉しさ」から「親切心」に変化し、さらに「怒り」へと変化したのである。

1年経ってから、A君から「あの投資話は、君が言ったように詐欺であり、3百万円損した」と、電話があった。

そして、A君に投資を勧めたB君への怒りを、私にぶちまけたのである。A君の心(感情)は、「落胆」から「悲しみ」へと変化し、さらに「怒り」へと変化したのである。

次に、A君のB君への怒りの矛先が、今度は私に向けられたのである。「君は最初から、その投資話は詐欺だと知っていたんだろう。」と、私を非難して私の心(親切心)を傷つけたのである。

(手順4)　次に、日常生活において、私達は誰でも、日常生活での他の人々との関係の中で、心は怒り・憎しみ・怨み・羨望・怖れ・妄想・偏見・自己限定など様々に変化し、そのことで自分が苦しみ相手を傷つけたりすることがある。

このように「心は無常である」と認識していく。

(手順5)　(手順1)～(手順4)を、毎日、就寝前とか時間がある時に、繰り返し行なう。

（手順1）〜（手順5）を繰り返し行なうことで、煩悩（我）は少しずつ解消していく。

・煩悩（我）が解消していくと、（手順3）の①と②に示すような悪行為などが減少してくるし、怒り・憎しみ・怨み・羨望・怖れ・妄想・偏見・自己限定などの〝自己中心的な考え〟自体が減少してくる。

・そして、他人の悪意にすぐに気付くことが出来るようになってくるし、悪意に気付いても受け流すだけでなく、他人（相手）が悪行為（不善行為）を出来なくなるように、相手に対して振る舞うことが、ごく自然に出来るようになってくる。

第四課程　法観（法念処）による煩悩（我）を解消する方法

（その一）「祈り」（想念エネルギー）を活用する方法

（手順1） 座禅（結跏趺坐や半跏趺坐）でも、正座でも、椅子に座ってもいいが、とにかくリラックスして心身を整える。

出来れば、第一章で説明した、釈尊が語っている「広大で纏わりつかない心（意識）」の状態になるまで心身を整える。

(手順2) 次に、「法は無我であり、この世の法則である」と、自分の心(意識)に言い聞かせて、10〜20分間ほど瞑想する。

(手順3) 次に、この世の全ての物や出来事は、厳格な法則通りに生起し、法則通りに変化し、法則通りに消滅していくことを鮮明に思い描く。

同じように、心の中にある煩悩(我)も、法則通りに生起し、法則通りに変化し、法則通りに消滅することを、心(意識)に深く刻み込む。

具体的な例としては、

① ボールが台の上に置いてあるとする。永久にその状態にあることはない。時間が経つと、ボールは古くなり、ついには壊れてしまう。またボールを取って投げると、ボールは運動法則通りに放物線を描いて飛んでいく。

② お互いは全く知らない者同士4人でチームを組んで、宝石・時計店に押し入って、総額数千万円の指輪やネックレスなどの宝石や高級時計などを強奪すると、たとえ覆面や手袋をして足が付かないように工夫はしていても、必ず警察は実行犯を突き止め、ついには逮捕されてしまう。
その結果、その後の人生は、後悔と苦悩に満ちた人生になってしまう。

③ 高校大学入学試験の当落線上にいる者が、勉強しないで遊び呆けていると、その結果、受験に失敗してしまう(試験で不合格になる)。

反対に、遊びたいという心の欲求(煩悩)を抑えて、猛勉強すると、その結果、試験に見事に合格することになる。

(手順4) 次に、この世の全ての物や出来事は、厳格な法則通りに生起し、法則通りに変化し、そして法則通りに消滅していく。

法則通りの**「法則(法)」とは、「この世を成り立たせている法則であり力である」すなわち「大生命」のことであるということを理解し、心(意識)に深く刻み込む。**

(手順5) 次に、**「この世を成り立たせている法則(力)」に、すなわち「大生命」に、「煩悩(我)消滅のお願い」の思い(祈り)を強く込めながら瞑想する。**

または、瞑想して「煩悩(我)消滅のお願い」の思い(祈り)を込める。

(その際、最も無くしたい自分の煩悩(我)を一つ、強く想起すること)

(手順6) 次に、**白銀の光(大生命)が、全身に降り注ぎ、身体内部(細胞全て)まで隈なく浸透して全身を浄化し、さらに煩悩(我)までも浄化すると観想(イメージ)する。**

(手順1)~(手順6)を繰り返し行なうことで、その煩悩(我)は次第に解消していく。

そうして、無くしたい自分の煩悩(我)を次々に一つずつ強く想起して、(手順1)~(手順6)を行なっていくことで、解脱(全ての煩悩の解消・消滅)を目指す。

・煩悩(我)が解消していくと、誰に対しても、「人を責めない」、「人を憎まない」、「人を怨まない」が自然と身についていて、それを無意識に実践するようになる。

・そして、毎日、毎朝、「世界平和」や「世界中の人々の健康と幸せ」を祈るようになる。さらに、「道ですれ違う人達、街で見かける人達の健康と幸せ」を祈るようになる。

第五課程　法観(法念処)による煩悩(我)を解消する方法
(その二)　「気」(気のエネルギー)を活用する方法

「気」(気のエネルギー)を活用する方法は、ある程度は気功を習得していないと、実践することは出来ない。

そのため、これから説明する方法は、ある程度は気功を習得している人達を対象にしている。尚、気功を習得する方法は、筆者の著書である「四神足瞑想法」の中に詳しく書いているので参照されたい。

(手順1)　座禅(結跏趺坐や半跏趺坐)でも、正座でも、椅子に座ってもいいが、とにかくリラックスして心身を整える。

出来れば、第一章で説明した、釈尊が語っている「広大で纏わりつかない心(意識)」

の状態になるまで心身を整える。

（手順2） 次に、両方の手のひらに「気」(気のエネルギー)を感じ、「気」を強化する。

（手順3） 次に、全身に「気」(気のエネルギー)を巡らせて、全身の「気」を強化する。

（手順4） **次に、「気」(気のエネルギー)は、「この世を成り立たせている法則であり力である大生命が実際に現れたものである」ことを、「気」を全身に感じながら心に刻み込む。**

（手順5） **次に、「気」(気のエネルギー)は、「大生命」が実際に現れたものであるとして、その「気」を身体内部(細胞全て)まで隈なく浸透させながら、「気」によって煩悩(我)は浄化し消え去っていくと観想(イメージ)する。**

（その際、最も無くしたい自分の煩悩(我)を一つ、強く想起すること）

「気」(気のエネルギー)は、「大生命」が実際に現れたものであると述べているが、実際に、「気」を傷口に放射することで、傷が早く治ったりする不思議な現象がよく知られているし、さらに、腹痛や肩こりも速やかに治まるなど、数多くの不思議な現象がよく知られている。

そのために、「気」(気のエネルギー)は、「大生命」が形を変えたエネルギーであると言われている。

(手順1)～(手順5)を繰り返し行なうことで、煩悩(我)は次第に解消していく。そうして、無くしたい自分の煩悩(我)を次々に一つずつ強く想起して、(手順1)～(手順5)を行なっていくことで、解脱(全ての煩悩の解消・消滅)を目指す。

・煩悩(我)が解消していくと、誰に対しても、「人を責めない」、「人を憎まない」、「人を怨まない」が自然と身について、それを無意識に実践するようになる。
・そして、毎日、毎朝、「世界平和」や「世界中の人々の健康と幸せ」を祈るようになる。さらに、「道ですれ違う人達、街で見かける人達の健康と幸せ」を祈るようになる。

あとがき

私達の身の周りでは、日常生活において、何気ない事で揉め事(もめ事)や言い争いなどのトラブルや諍い(いさかい)が起きることがある。職場や会社の中でも、趣味などの同好会の中でも、家の隣近所でも、もっと身近な所では家庭の中でも、そうしたトラブルや諍いが起きることがある。

なぜ、そうしたトラブルや諍いが起きるのであろうか。

それは、私達が、自分の利益、自分の面子(名誉)、自分の言動の正当性ばかりを主張しているからである。言葉を変えると、私達は、自己中心的な考えを持って相手に接しているからである。すなわち、私達は、頻繁に煩悩(我)を出しているからである。それは、やがて、自分は勿論のこと、家族や周囲の人達を不幸にしてしまうことにもなりかねない。

これを解決し、こういう事態が起きるのを防止するためには、自分の煩悩(我)に気づき、自分の煩悩(我)を抑えることが大切なのである。

さらに、もっと大切なのは、自分の煩悩(我)を見究めて、自分の煩悩(我)を解消・消滅することである。そうすることで、敬虔(けいけん)な気持・心(意識)が生まれ、周囲の人達を尊重し、自分の意見だけを主張するのではなく、周囲の人達の意見も認め合うことができるようになる。

世界に目を向けると、現在、ロシアとウクライナの東欧地域や、イスラエルとパレスチナの中東地域を始めとして、世界中の至る所で戦争や紛争が起きており、多くの人々が犠牲になり、多くの人々が平穏な日常生活を奪われている。

なぜ、こうした悲惨な戦争や紛争が起きるのであろうか。

それは、当事国が、自国の正当性ばかりを主張し、自国の国益や自国の威信とか民族の誇りばかりを考えるからであり、その結果、抜き差しならない事態に直面している。

このまま行けば、やがて、双方とも、いや世界中が不幸な結末を迎えることにもなりかねない。

この事態を解決し、こういう事態が起きるのを防止するためには、民族の誇りや国家の威信や国益も勿論大切ではあるが、その前に、相手国の民族の誇りや国家の威信や国益を尊重することが大切であり、そうすることがお互いの国の繁栄に繋がるのではないだろうか。

そのためには、世界中の全ての人とは言わないまでも、世界中の多くの人が、自分の煩悩(我)に気づいて、自分の煩悩(我)を抑えることの大切さ、さらに自分の煩悩(我)を見究めて、自分の煩悩(我)を解消・消滅することの大切さと必要性を理解して、それを実践するならば、現在、世界中の至る所で起きている悲惨な戦争や紛争は必ず解決されるだろうし、その前に、そういう悲惨な戦争や紛争は起きることはないだろう。

先日、日本人の意識(心)について、興味深い内容がテレビで放送されていた。
その内容とは、
一見、おかしな(不思議な)現象のような印象を受けるが、日本人の半数以上が、宗教を信じていない一方で、日本人の半数以上が、宗教心は大切であると思っているという。

日本人の国民性調査（統計数理研究所実施）において、
１９５３年～２０１８年までの５年毎ごとに実施した調査結果によると、
●宗教を信じるか？の質問に対して、
・　宗教を信じていない　　65％～74％
・　宗教を信じている　　26％～35％
１９８３年～２０１８年までの５年毎ごとに実施した調査結果によると、
●宗教心は大切か？の質問に対して、
・　大切である　　66％～80％
・　大切ではない　　11％～21％
・　その他、無回答　　2％～8％
という結果になっている。


「宗教を信じるか？」の質問を受けた人達の多くは、「宗教」を〝宗教そのもの〟だけではなく、〝宗教団体〟という意味でも捉えて、回答したのではないかと思われる。

すなわち、「宗教を信じていない」と回答した人達の多くは、「宗教には全く興味はない」、もしくは「宗教団体に入る気はない」、もしくは「宗教団体自体を信じない」という意味で回答したものと思われる。

その理由としては、宗教の有用性を知らないことも要因に挙げられるが、マスコミをたびたび賑わせている宗教団体がらみの犯罪事件とか宗教団体がらみの社会問題も、少なからず影響しているものと思われる。

「宗教心は大切か？」の質問を受けた人達の多くは、「宗教心」を〝神仏など超自然的な力を信じる心〟だけではなく、〝神社や寺院に素直に参拝する心〟という意味でも捉えて、回答したものと思われる。

これは、昔からの慣習(神社で七五三のお祝いをするし、神社や教会で結婚式を挙げるし、寺院で葬式を執り行うなど)によるところも大きいと思われる。

ここで、改めて「宗教」と「宗教心」について説明したい。

(解説) 宗教

宗教とは、一般的に、人間の力や自然の力を超えた存在を中心にする観念(考え)であり、さらに、その観念体系に基づく教義、儀礼、施設、組織などを備えた社会集団(宗教団体)のことも同じように言ったりする。

(解説) 宗教心

神仏など超自然的な力を認め、それらに対する畏れと敬いから生まれる敬虔(けいけん)な気持や心（意識）を言う。

そして、敬虔な気持や心（意識）で、全ての人を尊重し、自分の意見が正しいと強引に主張するのではなく、相手の意見も認め合うという公平性のある心（意識）も、同じく宗教心のある心（意識）と言ったりする。


話を元に戻したい。

それでは、仏陀釈尊は、一般的に言われている「宗教」を説いたのであろうか。そして、ご自身が説いている教義を基にした「宗教団体」を、組織し運営していたのであろうか。さらに、市井の人々に対して、ご自身が組織した「宗教団体」への入信を勧めたのであろうか。

その答えは、「NO（ノー、否）」である。

そうではないのである。


仏陀釈尊は、一般的に言われている「宗教」を説いたのではないし、ご自身が説いている教義を基にした「宗教団体」を組織していたのでもないし、当然、市井の人々に対して、ご自身が組織した「宗教団体」への入信を勧めたのでもない。

仏陀釈尊は、「真理」を説いたのであり、そして、「人として歩むべき道」を説いたのである。

仏陀釈尊は、ヨガの達人と称されたと伝えられている。そのため、仏陀の修行法には、ヨガと深く関係しているところが少なくない。

仏陀釈尊は、ヨガだけではなくバラモン教やジャイナ教も研究されたものと思われる。

仏陀ご自身が修行で得た真理だけではなく、ヨガやバラモン教やジャイナ教の聖者が説いていた真理や教えも伝えたのである。


仏陀釈尊には、「仏教」という意識(思い)はなかったものと思われる。

さらに言えば、仏陀釈尊は、自ら宗教の開祖となる意識(思い)は当然なかったのである。


それでは改めて、仏陀釈尊が説いた「真理」と「人として歩むべき道」を、次に述べたい。

(一) 仏陀釈尊が説いた「真理」

① 仏陀釈尊は、「この世にあるものは全て大生命によって生み出され、大生命が浸透している。」「そして、この世にあるものは全て、因果律(因縁果報)により存在している」と説いている。

仏陀(お釈迦様)は、「この世にあるものは全て大生命によって生み出され、大生命が浸透している。勿論、私達人間もそうであり、突き詰めると、私達人間は同じ一つの家族だと言える。そのため、周囲の人はもとより、全ての人を慈(いつく)しみ、憐(あわ)れみなさい。」と説いて

いる。

また、人間は勿論、海や山や川、動物や植物や鉱物など、この世にあるものは全て、因果律(因縁果報)により存在している。

全てに原因があって、それに条件(縁)が加わって、結果となってあらわれる。現れた結果が、さらに次の原因となって(報となって)展開していく。「積徳・積善」は「幸福・幸運」となって現れ、「悪行・積不善」は「不幸・不運」となって現れる。

そうであるからこそ、「積徳・積善に勤め、悪行・積不善は断じて慎みなさい。」と説いている。

② 仏陀釈尊は、「業」の思想と「輪廻」の思想を説いている。

「業」の思想は、仏陀生誕以前から古代インドにあった思想であり、「行為」を表わす。仏陀釈尊は、「業」の思想を取り入れている。

自分の行為の結果は、必ず自分自身に現れるという考えを「自業自得」という。良い行ない(善行)は幸せな果報をもたらすことを「善因楽果」といい、悪い行ない(悪行)は不幸な苦しみの果報をもたらすことを「悪因苦果」という。

そして、人は永遠に生死を繰り返すという考え方と結びつき、現世の境遇は前世の行為の結果であり、現世の行為は現世の境遇を決めるだけではなく、来世の境遇も決めるというのが「輪廻」思想である。

③ 仏陀釈尊は、「全ての苦しみと不幸は、煩悩(我)によってもたらされる」と説いている。

仏陀(お釈迦様)は、健康・仕事・生活環境における悩みや苦しみを始めとして、人間関係を含めた全ての苦しみと不幸は、心の中にある煩悩(我)によってもたらされると説いている。

重要なので、ここでも繰り返すが、

煩悩とは、電子計算機(コンピューター)で例えると、内蔵されているプログラムの一部に相当する。

煩悩とは、人間一人一人の心(意識)に内蔵されているプログラムのうち、怒り・憎しみ・怨み・羨望・恐れ・妄想・偏見・自己限定など自己中心の心の働きを作動させるプログラムである。

例えば、同じ場面・状況に遭遇しても、Aさんは怒りや憎しみの感情が湧くが、Bさんは感謝の感情が湧くというように、心(意識)に内蔵されているプログラムに従って異なる感情が湧き、異なる行動を起こす。

Cさんは肯定的(プラス)に受け取り希望を持って積極的に行動するが、Dさんは否定的(マイナス)に受け取り希望を失って行動を中止するなど、心(意識)に内蔵されているプログラムに従って異なる判断をし、異なる選択をする。

心(意識)に内蔵されているプログラムの一部である煩悩(我)は、生まれてから現在までの行為、思考、思念が蓄積されて形成されたものだけではなく、前世の行為、思考、思念も蓄積されて形成されていると言われている。

そのため、今この瞬間の心の状態(思い)を、常に客観的に注意して改善しようと努めない限

りは、心(意識)に内蔵されているプログラムの一部である煩悩(我)に従って形成されることになる。


人間の心は、非常に大きな力を秘めている。

人は今この瞬間の思い(心の状態)によって健康や行動が形成され、そして人生(運命)が作られていく。

ここで注意しなければいけないのは、思い(心の状態)というのは今この瞬間でしか形成することが出来ないということである。

人が生きているのは、今この瞬間である。

10分経とうが、1時間経とうが、今この瞬間を生きている。今この瞬間しか存在しない。今この瞬間の心を、喜びや楽しさや感謝で満たし、周囲の人達の健康や幸せを願う思いで満たすことが、そのまま自分や周囲の人達の健康や幸せにつながる。


ところが煩悩が出ると、今この瞬間の心を憎しみや恨みや怒りで満たし、周囲の人達の健康や幸せを逆に損なうように行動してしまうのである。

その結果、自分は勿論のこと、家族や周囲の人達にも損害をもたらし傷つけ苦しめてしまう。

具体的な例を挙げると、
・手っ取り早く儲けようと思って、詐欺や強盗を働いてしまうと、儲けるどころか刑務所に入ってしまうことになる。

それだけではなく、家族や親戚や知人にも大きな迷惑をかけてしまうことになる。

・殺人や傷害事件を起こしてしまうと、その結果として、それらの行為に見合った人生を送ることになる。

それだけではなく、家族や親戚や知人の人生にも悪影響を与えてしまうことになる。

・自分の欲望とか保身とか利害関係といった理由は勿論のこと、どうも虫が好かないので、何とかして蹴落とそう思っている相手に対して、嫌がらせをしたり、嘘をついて相手を貶めようとしたりすると、必ず自分に損害や災厄が訪れることになる。

・相手を罠に嵌めようとして、人間誰でも迷い易くなるモノ(金銭、地位、異性など)、ここでは具体的な例として、テレビであったが、離婚請け負い業者(探偵社)に依頼して、探偵社の専属派遣社員に相手を誘惑させて、相手と派遣社員との不倫の決定的な証拠を掴むことを画策する。

そして、不倫の決定的な証拠を掴み、相手の配偶者や相手の会社、場合によってはマスコミに証拠を持ち込むことにより、離婚を有利な条件で成立させたり、相手が会社から解雇されることや、社会的に抹殺されることを企てる。

その依頼人(すなわち罠に嵌めようと企てた者)は、必ずしも相手の配偶者とは限らず、配偶者の不倫相手とか、場合によっては会社の同僚の場合もある。

そういう罠に嵌めようと企てた卑劣極まりない者は、たとえ相手が罠に掛からなかったとしても、因縁果報(因果律)の観点からみると、相手に与えようと企てた損害や苦しみと同等以上の損害や苦しみや災厄を、必ず自分が受けることになる。

(二) 仏陀釈尊が説いた「人として歩むべき道」

仏陀(お釈迦様)は、そうした全ての苦しみと不幸のもとである煩悩(我)の危険性を指摘され、煩悩(我)を解消する方法を教えられた。

その方法を実践することが、「人として歩むべき道」であると説かれている。

その方法が、抜苦与楽(苦しみや不幸を除き、平安と幸せをもたらす)の仏陀の修行法である。

抜苦(苦しみや不幸を除く)とは、

自分の今この瞬間の心(思い)に気づいて、自分の心(意識)に居座っている煩悩(我)を見究めて、心(思い)を浄化することにより、煩悩(我)を解脱(解消)することを言う。

また、そのことを人々に教え、人々に実践することを勧めて、人々の抜苦を手伝うことも同じように言う。

与楽（平安と幸せをもたらす）とは、

日常生活において、「自分さえ良ければ、他人はどうなっても構わない」という「自利」だけを心がけるのではなく、「自分が良くなると共に、他人も良くなる」という「自利と共に利他」を常に心がけ、さらにそれを実践することを言う。

また、そのことを人々に教え、人々に実践することを勧めて、人々の与楽を手伝うことも同じように言う。

「人として歩むべき道」（抜苦与楽の実践）の最たるものが、仏陀の修行法を実践することなのである。

その仏陀の修行法の一つが、「四念処（四念住）」であり、本書「四念処法 マインドフルネス瞑想の源流」である。

令和六年 （２０２４年）

◆参考文献

・『ブッダのことば(スッタニパータ)』 中村 元 訳 (岩波文庫)
・『発句経』 友松圓諦 訳 (講談社学術文庫)
・『ヨーガ根本教典』 佐保田鶴治 著 (平河出版社)
・『続 ヨーガ根本教典』 佐保田鶴治 著 (平河出版社)
・『ヨーガの宗教理念』 佐保田鶴治 著 (平河出版社)
・『死は存在しない 最先端量子科学が示す新たな仮説』 田坂広志 著 (光文社新書)
・『ブッダの瞑想法 ヴィパッサナー瞑想の理論と実践』 地橋秀雄 著 (春秋社)
・『改訂版 仏陀の修行法四神足より 四神足瞑想法』 湯田浩二 著 (一粒書房)
・『仏陀の修行法四正勤より 運命を変える四正勤法』 湯田浩二 著 (一粒書房)
・『仏陀の修行法五根・五力より 五根・五力法 幸福への原理と方法』 湯田浩二 著 (一粒書房)
・インターネット検索 Wikipedia

■著者紹介

湯 田 浩 二

仏陀の修行法 を実践・研究し、その内容を著書にて随時発表している。
1953年、鹿児島市に生まれる。
県立甲南高校、九州大学工学部、同大学院卒。
川崎製鉄（JFEスチール）を定年退職後に、
自動車関連企業で勤務し、定年退職する。
愛知県在住。

著 書

・『仏陀の修行法四神足より **四神足瞑想法**』（一粒書房）
・『仏陀の修行法四正勤より 運命を変える**四正勤法**』（一粒書房）
・『仏陀の修行法五根・五力より **五根・五力法**　幸福への原理と方法』（一粒書房）

仏陀の修行法 四念処より
四 念 処 法
マインドフルネス瞑想の源流

発 行 日　　2024年5月15日

著　　者　湯 田 浩 二

発行所　一 粒 書 房

〒475-0837 愛知県半田市有楽町7-148-1
TEL（0569）21-2130
https://www.syobou.com

編集・印刷・製本　有限会社一粒社

ISBN978-4-86743-271-6 C0015